dtv
premium

Doris Märtin

Mittendrin im Leben

Gebrauchsanweisung für die besten Jahre

Deutscher Taschenbuch Verlag

Von Doris Märtin ist im Deutschen Taschenbuch Verlag erschienen:

Gut ist besser als perfekt (24346)

Originalausgabe
Oktober 2004

www.dtv.de

Umschlagkonzept: Balk & Brumshagen
Umschlaggestaltung: Catherine Collin unter Verwendung einer Fotografie von © corbis/LWA-Dann Tardif
Satz: Greiner & Reichel, Köln
Gesetzt aus der Lino Letter (8,6/12,75) und der FF Meta
Druck und Bindung: Kösel, Krugzell
Gedruckt auf säurefreiem, chlorfrei gebleichtem Papier
Printed in Germany · ISBN 3-423-24418-6

Für Christian

»We wish, more than anything, for more.«
MICHAEL CUNNINGHAM

Inhalt

Älter werden wir später
Über Jugendwahn und Altersangst 11

Reich an Jahren
Über Erfolge, Erkenntnisse und Erfahrungen 23

Zukunftsmusik
Über alte Klischees und neue Drehbücher 35

Von wegen alles beim Alten
Über Umbrüche und Aufbrüche 46

Operation Schönheit
Über Falten, Fitness und Facelifts 59

Eine Frage des Stils
Über heimliche Jungmacher und neue Maßstäbe 78

Reife Leistung
Über Karriere, Kurswert und Krisenstimmung 92

In jeder Beziehung glücklich
Über erprobte Paare, Solisten und neue Bindungen 114

Hauptsache Gesundheit
Über Lebensstil, Master Survivors und Extrahormone 136

Vom Kukident zum Master Consumer
Über die Macht der Worte und die Bilder im Kopf 160

Älter werden ist nichts für Feiglinge
Über Abschied, Trauer und Vergänglichkeit 171

Schöne Aussichten
Über das Paradox des Wohlbefindens und die Kunst des Lebens 185

Literatur 197

Älter werden wir später
Über Jugendwahn und Altersangst

Bei Sebastian war es der Schwächeanfall. Bei Sabine der selbstherrlich-souveräne Auftritt der neuen Volontärin. Bei Christoph die zunehmende Lust auf Gourmet-Menüs. Bei Anton die nachlassende auf One-Night-Stands. Bei Anna der Tag, als die Kleine ins Gymnasium kam. Bei Friedrich das schütter werdende Haar. Bei Annette der Herzinfarkt ihres Lebensgefährten. Bei Elisabeth der Aufstieg ins Leitungsteam. Bei Nina der Tod der Eltern. Bei Klaus die neu erwachte Liebe zur Kammermusik.

Die Auslöser variieren zwischen tragisch und trivial, der Zeitpunkt unterliegt individuellen Schwankungen. Aber früher oder später, irgendwann mit plus minus vierzig, weht es uns fast alle an: das Bewusstsein, dass der Höhepunkt des Lebens da ist. Dass die Zeit, die vor uns liegt, knapper wird. Dass wir, die keinem über dreißig trauten, demnächst vierzig, fünfundvierzig, fünfzig werden.

Die Generation der *Babyboomer*, der geburtenstarken Jahrgänge, kommt in die Jahre.

Waren wir nicht eben noch jung?

»Wenige Wochen nach seinem sechsunddreißigsten Geburtstag spürte Simrock zum ersten Mal im Leben sein Herz«, beginnt Jurek Beckers Roman *Schlaflose Tage*. »Simrock fühlte sich zum ersten Mal daran erinnert, dass sein Leben nicht ewig dauern werde. Dass die Zeit bis zu seinem Tod irgendwann, sagte ihm der Druck in seiner Brust, nichts als ein Rest war, ein großer oder kleiner, in jedem Fall ein im Schwinden begriffener.«

Mit wenigen Worten umreißt Becker das verstörende Gefühl,

das das einleitet, wovon wir uns Lichtjahre entfernt glaubten: das Ende der Phase, in der wir uns unverwundbar fühlten, unsterblich und ewig jung.

Natürlich entging uns nicht, dass wir mit jedem Geburtstag ein Jahr älter wurden, sahen wir, dass schlaflose Nächte deutlicher als früher Spuren hinterließen. Das neue Baby, die beruflichen Anforderungen, sagten wir uns und erwogen flüchtig, die Allzweckcreme durch die Intensivpflege mit Sofort-Lifting-Effekt und Anti-Wrinkle-Code zu ersetzen.

Ansonsten nahmen wir die verstreichende Zeit nur am Rande wahr. Denn Turbulenzen hin, Rückschläge her, in der Hauptsache ritten wir auf dem Wellenkamm des privaten, beruflichen und materiellen Erfolgs. Die Karriere lief, wir hatten den Alltag im Griff, engagierten uns bei den Wirtschaftsjunioren oder der Jungen Union und am Wochenende besichtigten wir die Neubaugebiete für junge Familien, die neuerdings jede aufstrebende Gemeinde im Umland auswies. Mit etwas Glück passten wir mit vierunddreißig noch in die gleiche Jeansgröße wie mit siebzehn, und wer es geschickt anstellte, flog bis fünfunddreißig zum ermäßigten Studententarif. Falls uns der Job nicht gefiel, orientierten wir uns neu, und manche taten das Gleiche, wenn der Partner, die Partnerin die eigenen Glückserwartungen nicht mehr erfüllte. Das Leben lag vor uns, die Welt stand uns offen. In uns verkörperte sich die Gleichung: jung = erfolgreich = attraktiv = begehrenswert.

Älterwerden, das assoziierten wir mit Parodontose, Knoblauchpillen, Wechseljahren, Prostatabeschwerden – Worten, die uns nicht betrafen. Nein, älter würden wir später werden. Wenn überhaupt. Dachten wir selbstzufrieden, nicht ahnend, dass älter werden nicht erst im Alter anfängt.

> *»First you're in your 20s and you're just a kid. Then you say, ›Yea, well I'm 30, but I'm just 30, and I've barely left being a kid‹. And then suddenly you're 40.«*
> LAUREN HUTTON

Die wenigsten von uns waren darauf vorbereitet, dass sich mitten im schönsten Crescendo Molltöne in das Dur unserer scheinbar ewigen Jugend schleichen würden. Erst leise, dann zunehmend unüberhörbar kündeten sie das Ende einer Ära, den Beginn eines neuen Zeitabschnitts an. Nachdrücklich machten sie uns klar, dass wir nicht mehr am Anfang standen. Sondern mittendrin im Leben. Mit allen damit verbundenen Gewinnen und Verlusten. Seither mischt sich ein Hauch von Schwermut in unseren Übermut.

Wie wir wurden, was wir sind

Ich nehme an, wenn Sie dieses Buch lesen, gehören Sie wie ich dem viel beschworenen Berg der Babyboomer an, der Alterskohorte zwischen vierzig minus und fünfzig plus. Unbelastet von Nachkriegszeit und Wiederaufbau wuchsen wir unter günstigen Voraussetzungen auf. Jedenfalls, wenn wir im bundesrepublikanischen Westen geboren waren. Weniger dogmatisch als die 68er, nicht ganz so narzisstisch wie die Generation Golf machten wir ohne großes Aufhebens unseren Weg. Unverdorben von New Economy und Neuem Markt gründeten wir in den 1980er und 1990er Jahren Familien, bezogen großzügige Altbauwohnungen oder Doppelhaushälften im Grünen und bauten solide, unauffällige Karrieren auf.

25 Jahre nach dem Abitur sind meine ehemaligen Klassenkameraden Lehrerin, Zahnarzt, Bankkaufmann, Regierungsbaumeister, Landwirtin, Hochschullehrer, Heilpraktiker, Hausfrau und Mutter, Geschäftsführer. En gros verdient unsere Generation keine Traumgehälter, macht nicht mit klingenden Funktionsbezeichnungen auf der Visitenkarte von sich reden. Dafür starten die meisten von uns relativ gesichert in die zweite Lebenshälfte. Allerdings werden wir uns damit abfinden müssen, dass uns kein so sanft abgefederter Ausstieg aus dem

Berufsleben beschieden sein wird wie der Altersgruppe vor uns.

Dennoch: Sofern uns das Schicksal nicht vorzeitig gebeutelt hat, beginnt das mittlere Alter für uns später als für frühere Alterskohorten, dauert länger und lässt sich vielversprechender an. Dafür gibt es eine Reihe von Gründen:

- **Jung im Kopf.** Babyboomer gehörten zu den ersten Nutznießern der Bildungsreform der 60er und 70er Jahre. Im Vergleich zu den Vorgängergenerationen gingen wir länger zur Schule, schlossen die Ausbildung mit höheren Qualifikationen ab und ließen uns mit der Familiengründung Zeit. Bei vielen zog sich die jugendnahe Phase bis Ende zwanzig, Anfang dreißig hin. In den stilprägenden Jahren zwischen zwanzig und dreißig, als das Leben unsere Eltern längst in die Pflicht nahm, diskutierten wir uns in der Uni-Cafeteria die Köpfe heiß, probierten Jobs und Liebespartner aus und reisten mit dem Rucksack nach Griechenland oder mit dem Motorrad durch Kalifornien. Unsere lange Jugend kommt uns heute zugute: Wir werden, wenn es so weit ist, noch um einiges kritischer und informierter, aktiver und gesünder altern als die 60- bis 70-Jährigen von heute.

- **Jung an Jahren.** Eine gemeinsame Studie des Rostocker Max-Planck-Instituts für demografische Forschung und der Universität Cambridge belegt: Die Lebenserwartung hat in den letzten 160 Jahren mit schöner Regelmäßigkeit um drei Monate pro Jahr zugenommen. Wir dürfen deshalb hoffen, dass wir mindestens fünf Jahre länger leben als die Eltern-, zehn Jahre länger als die Großelterngeneration. Mit vierzig oder fünfzig haben wir somit noch eine Menge Zukunft vor uns – sofern wir uns nicht davon abhalten lassen.

- **Gut in Form.** Wie alle anderen Altersgruppen sind auch wir vom Jugendkult infiziert. Schlagworte wie Forever young, Wellness und Anti-Aging haben sich längst auf unseren Lebensstil ausgewirkt: Wir achten auf eine ausgewogene Ernährung, treiben gezielt Sport und haben begriffen, dass Stress uns nicht als Erfolgsmenschen charakterisiert, sondern als Getriebene, die ihre persönlichen Ressourcen nicht vernünftig steuern können. Unser Bemühen um Attraktivität, Entspannung und Wohlbefinden verhindert zwar nicht, dass wir älter werden. Aber wir sehen jünger dabei aus.

Das gefühlte Alter

Die Schweizer Wissenschaftler Pasqualina Perrig-Chiello und François Höpflinger bescheinigen der Generation der Babyboomer eine »markante sozio-kulturelle Verjüngung« gegenüber früheren Alterskohorten. Damit ist wissenschaftlich bestätigt, was wir subjektiv empfinden: Man merkt uns unser Alter nicht an.

Fit, leistungsstark und trendbewusst strafen viele von uns das Geburtsdatum im Reisepass Lügen. Optisch. Aber auch geistig und emotional. Die Zahl der gelebten Jahre sagt immer weniger über das »wahre« Alter eines Menschen aus. Experten unterscheiden deshalb nach:

- **chronological age:** dem Alter gemäß Geburtsdatum,
- **real age:** dem biologischen Alter des Körpers,
- **feel-age:** wie sich jemand fühlt,
- **look-age:** wie alt jemand aussieht,
- **do-age:** wie stark jemand das tut, was seine Altersgruppe tut,
- **interest-age:** wie ähnlich jemandes Interessen denen der Altersgruppe sind.

Das heißt: Wer 44 ist, kann aussehen wie 35, flexibler handeln als so mancher 25-Jährige und schlechtere Blutfettwerte aufweisen als ein Großteil der 50-Jährigen.

Es ist also kein Wunschdenken im Spiel, wenn laut einer Studie der Quelle-Versicherungen über die Hälfte der 45- bis 55-Jährigen glaubt, auf dem Höhepunkt des Lebens zu stehen, wenn gut ein weiteres Viertel erwartet, die schönsten Jahre noch vor sich zu haben. Und es ist auch kein Zeichen kollektiven Realitätsverlusts, wenn sich Männer zwischen vierzig und fünfzig im Schnitt um sechs und gleichaltrige Frauen sogar um sieben Jahre jünger fühlen.

Unser junges Lebensgefühl ist kein platter Verleugnungsmechanismus. Sondern ein aussagefähiger Indikator, wie wir unser Älterwerden erleben werden. Mehrere Studien kommen zu dem Schluss: Wer sich als jünger wahrnimmt, ist in der Regel gesünder, selbstbewusster, höher gebildet und zielorientierter als Gleichaltrige, die sich so alt fühlen, wie sie sind, oder älter.

Voll da und mittendrin

Das Lebensgefühl, mittendrin zu sein und voll da, bestimmt bei der Mehrzahl der Fortysomethings das Erleben der Gegenwart und die Erwartungen für die Zukunft. Diese Einschätzung entspricht unserer Rolle in der Gesellschaft. Immerhin zählen wir Mittleren zu den Leistungsträgern im Land. Eine Auswertung des Berliner Mikrozensus 1999 ergab: Midagers erzielen das höchste Durchschnittseinkommen und weisen die höchste Erwerbsquote auf.

Direkt, in der Familie, oder indirekt, als Steuer- und Beitragszahler, versorgen und finanzieren wir bis zu vier Generationen. Zwei jüngere, die noch nicht im Berufsleben stehen: das vierjährige Kindergartenkind und seine studierenden Eltern. Und zwei ältere, die sich bereits aus der Arbeitswelt zurückgezogen haben: die 59-Jährige im Vorruhestand und ihre 85-jährige Mutter in der betreuten Wohnanlage.

Aber wir sind nicht nur leistungsstark, wir fühlen uns auch so.

Wir haben uns, unseren Stil und unseren Platz im Leben gefunden. Wir sind tolerant, gelassen, auf der Höhe der Zeit. Wir kennen uns aus mit HTML und rebellischen Teenies, Barrique-Rotwein und lichtreflektierendem Make-up. Wir bemühen uns, die Falte zwischen den Augenbrauen lässig zu nehmen und die Dellen auf den Oberschenkeln mit Humor. Denn attraktiver als auf dem Foto im Führerschein sind wir heute allemal.

Dass neununddreißig oder achtundvierzig uncool ist, weiß nur, wer es von seinen Kindern täglich zu hören bekommt. Oder in der Firma zu spüren. Womit wir bei den Schattenseiten der mittleren Jahre angelangt wären.

Das gesellschaftliche Bild vom Alter

Wie alt oder jung wir uns fühlen, wie alt oder jung wir wirken, haben wir in der Hand. Welche Eigenschaften, welche positive und negative Stereotypen uns andere aufgrund unseres Alters im Personalausweis zuschreiben, hängt von den Vorstellungen ab, die unsere Umwelt damit verbindet. Leider ist die Einstellung zum Älterwerden in unserer Gesellschaft, gelinde gesagt, gespalten: Fast jede(r) will alt werden, fast keine(r) will alt sein.

Die Verleugnung des Alterns ist kaum überraschend. Denn allen Anti-Aging-Erfolgen zum Trotz stellt sich uns Älterwerden hauptsächlich als Verlustgeschäft dar: als Verlust von Schönheit, Beweglichkeit, Gefragtsein. Älterwerden assoziieren wir mit dem Unästhetischen und Unattraktiven, mit Stillstand und Stagnation, mit Verfall und Vergänglichkeit. Älterwerden bedeutet zurückzufallen, nicht mithalten zu können, abgedrängt zu werden. »Alles, was schön und erstrebenswert ist, wird am Bild der Jugend festgemacht – und das Unerwünschte an dem des Alters«, so beschreibt der Soziologe Thomas Meyer den Jugendlichkeitswahn der Erlebnisgesellschaft.

Der Kult um die Jugend drängt nicht nur Senioren und Hochbetagte ins Abseits. Erste Auswirkungen davon spüren wir bereits in der Lebensmitte: Unser subjektives Gefühl, jung oder jedenfalls relativ jung zu sein, kollidiert mit der Fremdwahrnehmung. Der Arbeitsmarkt, die Altersforschung, die nachdrängenden Jüngeren zählen schon Menschen ab vierzig zur älteren Generation. Oder jedenfalls zu den Alten der Zukunft.

Wir bleiben immer länger jung. Aber das soziale Älterwerden beginnt immer früher.

- Rund 60 Prozent der Betriebe in Deutschland beschäftigen keinen über fünfzig. Das hat das Institut für Arbeitsmarkt und Berufsforschung (IAB) im Herbst 2001 ermittelt. In solchen Unternehmen fühlt man sich schon mit zweiundvierzig reichlich alt.
- *Grunddaten zur Lebenssituation der 40- bis 85-Jährigen in Deutschland* lautet der Titel des Alters-Survey, einer Untersuchung unter Beteiligung von über 4000 Personen, die mit Mitteln des Ministeriums für Familie, Senioren, Frauen und Jugend gefördert wurde. In den Augen der Forscher beginnt Alter(n) bereits in der mittleren Berufs- und Familienphase, sonst würden sie Über-40-Jährige und Über-80-Jährige nicht einer Kategorie zuordnen. Die Jugend und das frühe Erwachsenenalter differenzieren wir feiner. Da unterscheiden wir selbstverständlich eine Vielzahl von Altersgruppen und Entwicklungsstufen: zwischen Babys, Kindergarten- und Vorschulkindern. Zwischen Tweens, Teens und Twens. Zwischen High Potentials und Young Professionals. Zwischen den Generationen @, Ally und Golf.
- Ein bayerisches Reisebüro bietet in seinem Katalog Wintersportreisen an: »Auch ab fünfzig noch zünftig: Senioren-Skiwochen!«
- Obwohl 42 Prozent der Amerikaner über vierzig sind, ging im Jahr 2002 weniger als ein Drittel aller Film- und Fernsehrollen an Schauspieler und weniger als ein Viertel an Schauspielerinnen ab vierzig. Die Schauspielgewerkschaft SAG forderte des-

halb die Unterhaltungsbranche auf, Über-40-Jährigen mehr Platz in den Medien einzuräumen. »Mehr Opas und Omas auf der Leinwand«, betitelt ein deutsches Internetmagazin die Story.

Vom Älterwerden spricht man nicht

Unsere Generation kennt nicht mehr viele Tabuthemen. Aber das Älterwerden scheint eines zu sein. Seit ich an diesem Buch arbeite, merke ich: Meine Umwelt steht dem Thema eher skeptisch gegenüber. Älterwerden, das eigene und das der anderen, will keiner gern wahrhaben.

> *»Eines Tages habe ich mir gesagt: Ich bin vierzig Jahre alt. Als ich mich von diesem Schock erholt hatte, war ich fünfzig. Die Betroffenheit, die mich damals überfiel, hat sich nicht gegeben.«*
>
> SIMONE DE BEAUVOIR

Sind Sie für dieses Thema nicht zu jung? fragt eine Seminarteilnehmerin.

Vierzig ist doch heute kein Alter, kommentiert eine Bekannte.

Aber du siehst doch zehn Jahre jünger aus, wundert sich Jörg, mit dem ich früher einmal das Büro teilte.

Du hast doch kein Problem mit dem Älterwerden? vergewissert sich eine gute Freundin.

Die Einwände verdienen eine Antwort.

Nein, zu jung für das Thema bin ich nicht.

Ich bin so alt wie die Leser, an die sich dieses Buch richtet. Noch lange nicht alt. Aber auch nicht mehr ganz jung. Eben mittendrin im Leben.

Aber du siehst doch zehn Jahre jünger aus.

Keine Frage, viele Übervierzigjährige gehen heute als Thirtysomethings durch. Jedenfalls in den Augen der ungefähr Gleichaltrigen. Ist es nicht das Aussehen, ist es eben die Ausstrahlung. Power und äußere Attraktivität ändern aber nichts daran, dass der Wandel, den die Vierziger mit sich bringen, bestanden sein will.

Vierzig ist heute kein Alter.

Einverstanden. Aber vierzig ist High Noon. Zwölf Uhr mittags. Statistisch gesehen. Mit vierzig haben wir ungefähr die Hälfte des Lebens gelebt. Diese zentrale Zäsur können wir verdrängen. Von der jungen Mode bis zur jungen Liebe bieten sich uns dafür Möglichkeiten genug. Oder wir nehmen die Herausforderungen der Lebenswende bewusst und selbstbewusst an. Dieser Weg ist mir persönlich sympathischer.

Du hast doch kein Problem mit dem Älterwerden?

Die vierte Frage ist am schwersten zu beantworten. Ich mag mein Leben, ich möchte nicht jünger sein. Die vergangenen Jahre haben mich klarer, aktiver und mutiger gemacht, darauf würde ich ungern verzichten. Auch nicht für ein ebenmäßigeres Hautbild und die Möglichkeit, die weniger gelungenen Weichenstellungen in meinem Lebenslauf zu korrigieren. Aber ich hätte nichts dagegen, fünfundvierzig Jahre lang fünfundvierzig zu bleiben. Denn doch, ja, es macht mir etwas aus, dass die Zeit knapper, die Falten tiefer, die Lebensrisiken größer werden. Demnächst aus der RTL-Wunschzielgruppe rauszualtern, ist nur vordergründig ein Spaß.

Mittendrin im Leben

Wenn es Ihnen so geht wie mir, dann haben wir eines gemeinsam: Älterwerden passt uns nicht. Weil es irgendwie nicht zu uns passt. Problemzonengymnastik und Nasolabialfalten, Bauchansatz und Haarrückgang sind keine verlockende Alternative, wenn man sich im Kopf wie fünfunddreißig fühlt. Deswegen reden wir über unser Alter höchstens mit der Hausärztin, dem Gynäkologen oder den wirklich guten Freunden. Meistens verbrämt mit souveräner Selbstironie. Jüngeren gegenüber vermeiden wir das Thema ganz. Wir wollen uns schließlich nicht alt reden, mitten in den besten Jahren. Jung zu sein, jung zu bleiben, ist in der vergreisenden Republik die erste Bürgerpflicht. Anderenfalls ergeht es uns schlecht auf dem Arbeits- und Beziehungsmarkt.

Aber Verleugnen und Verdrängen, Konservieren und Klammern bringen uns auf Dauer nicht weiter. Selbst wenn wir den Kampf gegen das Älterwerden ganztägig aufnehmen wollten: großflächig können wir die Spuren der Zeit nicht tilgen. Mit fünfundvierzig nicht und erst recht nicht mit fünfundfünfzig.

Deshalb geht es in diesem Buch nicht vorwiegend darum, wie man es schafft, mit 53 wie 35 zu wirken. Und auch nicht darum, wie man mit Vitaminkombinationen, Faltenunterspritzung und Anti-Aging-Hormonen die Jugend konserviert und die Wechseljahre, die weiblichen wie die männlichen, ausblendet. Wenn Sie medizinische Informationen und Hightech-Anti-Aging-Tricks erwarten, legen Sie dieses Buch bitte gleich zur Seite.

Mittendrin im Leben verfolgt ein weiterführendes Ziel: Es will den psychologischen Umbrüchen und Aufbrüchen zwischen der Jugend und dem Alter auf die Spur kommen. Das ist möglich geworden, weil die Sozialwissenschaft seit ein paar Jahren anerkennt: innere Entwicklung findet, sofern wir uns darum bemühen, auch und gerade nach dem vierzigsten Geburtstag statt. Während bisher hauptsächlich Negativaspekte des Älterwerdens erforscht wurden, wird Älterwerden neuerdings auch als Zuwachs an Überlegenheit, Unabhängigkeit und Gelassenheit interpretiert.

Seither zeichnet sich ab: Die Herausforderung der besten Jahre besteht nicht in der undankbaren und letztlich unlösbaren Aufgabe, ewig jung zu bleiben. Sondern darin, ein Ausmaß an Reife, Erfüllung und Authentizität zu erreichen, das Jüngeren noch nicht offen steht.

Älterwerden kann sich also, wenn wir uns darauf einlassen, als spannendes, lohnendes Entwicklungsabenteuer erweisen. Dabei will dieses Buch Sie begleiten. Es vermittelt die Einstellung und das Wissen, wie wir uns von negativen Klischees über das Älterwerden befreien, seelisch und geistig wachsen und das Leben auf ganz neue Weise genießen können. Älterwerden ist kein Makel, sondern eine Chance. Die Chance, über uns hinauszuwachsen.

Reich an Jahren
Über Erfolge, Erkenntnisse und Erfahrungen

Die Midlife-Crisis wurde als Mythos entlarvt, die große Krise in der Lebensmitte gibt es nicht. Darin sind sich die führenden Entwicklungspsychologen in Europa und Amerika einig. Die Jahre zwischen 40 und 50 sind »eher ein Entwicklungsstadium als eine psychische Notlage«, betont die frühere Harvard-Professorin und Autorin Joan Borysenko. »Das Auffälligste an den mittleren Jahren ist oft, dass sie so unauffällig verlaufen«, vermerkt der Berliner Lebenslaufforscher Martin Kohli.

Reinhard Fendrichs Zerrbild von der Midlife-Crisis mag zwar noch in den Köpfen spuken: »Die Wölfe in den grauen Fellen/ brauchen Fleisch mit frischen Zellen.« Aber ein Blick in den Bekanntenkreis zeigt: Durchbrennende Männer sind ebenso wenig eine Besonderheit der mittleren Lebensspanne wie durchdrehende Frauen. Im Gegenteil, es fällt auf, wie viele Midagers, männliche wie weibliche, sich heute darauf verstehen, den endgültigen Übergang ins Erwachsensein mit Verstand und Stil zu vollziehen. Vierzig- und Fünfzigjährige mit Format setzen auf Genuss, Gesundheit und Gelassenheit, punkten mit Sensibilität statt Statussymbolen, suchen aktiv nach Nähe, nicht fluchtartig das Weite.

Allen Klischees und heimlichen Befürchtungen zum Trotz stürzt uns der Beginn der zweiten Lebenshälfte also weder in die Krise noch in die Lächerlichkeit. Die meisten erleben die mittleren Jahre als kontinuierlich und stabil, als eine Herausforderung unter vielen. Das heißt allerdings nicht, dass uns der Abschied von den Dreißigern und Vierzigern leicht fällt. Wir mögen noch so lebensklug mit den Veränderungen in uns und an uns umgehen, dann und wann überkommt uns der Midlife-Blues. Ob wir es uns eingestehen oder nicht.

Reif für den Wechsel

Die Schweizer Psychologieprofessorin Pasqualina Perrig-Chiello hat im Rahmen einer Studie zum mittleren Lebensalter festgestellt: 40- bis 45-Jährige fühlen sich körperlich erheblich fitter und gesünder als 50- bis 55-Jährige. Diese Erkenntnis wird Sie kaum überraschen. Erstaunlich ist allerdings, dass die jüngere Altersgruppe ihr *seelisches* Wohlbefinden deutlich schlechter einschätzt als die ältere. Die Wissenschaftlerin schließt daraus: Die Älteren haben sich bereits in der Lebensphase eingerichtet, die die Jüngeren gerade verunsichert.

Auch wenn wir nicht laut darüber reden: Die ersten Konfrontationen mit dem Älterwerden schmerzen, von den Haaren am Kinn bis zu den negativen Altersbildern in der Wirtschaft und den Medien. Auf dem Höhepunkt des Lebens, während wir uns noch fast im Lager der Jugend glauben, spüren wir: Etwas wird anders. So wie bisher geht es nicht mehr weiter.

Wer über gute Gene, Zeit, Geld und Disziplin verfügt, kann zwar noch ein paar Jahre lang die Illusion der Jugend aufrechterhalten. Aber das ist nur ein Aufschub. Solange wir uns an das Gewohnte klammern, bevorzugt in den gleichen Geschäften kaufen wie die halberwachsenen Töchter, auf dem Tennisplatz den Helden und im Meeting den Wahnsinnskarrieristen geben, halten wir den Blick nach hinten gerichtet. Wir treten auf der Stelle.

Die ausgetretenen Pfade weiterzugehen ist zwar im Moment verführerisch. Doch auf Dauer werden weder Botox noch Viagra verhindern können, dass uns jüngere Jahrgänge abhängen und verdrängen. Alternativ dazu können wir das Alte hinter uns lassen und couragiert zu neuen Ufern aufbrechen. Dieser Weg setzt jedoch voraus, dass wir den Jahren, den kalendarischen, nicht den gefühlten, ins Gesicht sehen. Wenn wir uns auch in Zukunft weiterentwickeln und wandeln wollen, wenn wir vorwärts leben wollen und nicht rückwärts, müssen wir auf dem Höhepunkt des Lebens unsere Maßstäbe und unser Selbstverständnis überdenken.

Sich dieser Herausforderung zu stellen, ist nicht einfach. Nicht einmal sie zu akzeptieren, fällt leicht. Aber es hilft nichts. »Es muss das Herz bei jedem Lebensrufe/Bereit zum Abschied sein und Neubeginne,/Um sich in Tapferkeit und ohne Trauern/ In andre, neue Bindungen zu geben«, ermutigt Hermann Hesse.

Mit vierzig plus sind wir für den Kurswechsel gut gerüstet: Immerhin fließen in uns die Erfolge, Erkenntnisse und Erfahrungen eines halben Lebens zusammen.

Profiliert und einzigartig

Die eine wird mit 42 das erste Mal Mutter, die andere bekommt mit 44 das erste Enkelkind. Der eine gründet mit 51 die eigene Firma, der andere zählt verdrossen die Jahre bis zur Rente. Die eine fühlt sich als jüngste von drei Geschwistern noch mit 48 als Nesthäkchen der Familie, der andere trägt im gleichen Alter schon lange die Verantwortung für den geistig behinderten Bruder. Die einen sind seit fast einem Vierteljahrhundert verheiratet, die anderen erst kürzlich zusammengezogen. Mit ihren Töchtern aus der ersten Ehe. Dem gemeinsamen Nachkömmling. Und seinem Sohn, der am Wochenende die Familie komplettiert.

In den besten Jahren driften die Lebensformen und damit auch das Lebensgefühl einer Alterskohorte weiter auseinander als je zuvor. Verantwortlich dafür sind die schier unbegrenzten Wahlmöglichkeiten der Multi-Options-Gesellschaft. Natürlich müssen auch wir, wie jede Generation vor uns, fertig werden mit dem, was das Leben uns auftischt. Aber während der Werdegang unserer Eltern und Großeltern einem Menü mit vorgegebener Speisenfolge glich, präsentiert sich uns das Leben als mehr oder weniger üppiges Büfett, an dem wir uns unsere Biografie weitgehend nach eigenem Geschmack zusammenstellen können.

Eine Einschränkung gibt es freilich: Wir haben zwar in vielem die Wahl. Aber jede Entscheidung schließt andere Optionen aus. Ganz gleich, ob wir beherzt zugreifen oder wählerisch kosten: Über kurz oder lang ist bei jedem der Teller gefüllt. Familienstand, Kinderzahl, Job, Einkommen, Wohnort, Rollenverteilung in der Beziehung – mit vierzig plus stehen die Eckdaten des Lebens fest. Korrekturen sind zwar möglich, aber schwerer als früher zu verwirklichen.

Um-die-Vierzigjährige haben einen Zustand erreicht, den die Soziologen als *Statusvollständigkeit* bezeichnen: Erstmals wird das bisher Erreichte und Nicht-Erreichte in seiner ganzen Bedeutung sichtbar. Erfolge tragen Früchte, Fehlschläge und Fehlentscheidungen belasten die Biografie. In aller Deutlichkeit zeigt sich jetzt, was wir aus dem Leben gemacht haben.

»Soziologisch gesehen ist das individuelle Altern nicht primär ein Problem von Biologie und Körper, sondern ein Problem biografischer Festlegungen«, erläutern die Wissenschaftler Pasqualina Perrig-Chiello und François Höpflinger. Demnach hängt Alter auch davon ab, wie viel uns noch offen steht und was uns bereits verschlossen ist.

Des Lebens fette Beute

Die, die ihre Träume gelebt haben, denen das Leben gnädig gesonnen war, haben es jetzt gut.

Sie stehen beruflich und gesellschaftlich auf einem Höhepunkt.

Sie verfügen über mehr Geld und Sicherheit, mehr Frei- und Spielräume, mehr Einfluss- und Ausdrucksmöglichkeiten als je zuvor.

Sie sitzen fest im Sattel.

Sie fahren die Früchte ihrer Lebensleistung ein.

Materiell. Und emotional. Denn die Tatsache, eine glückliche Hand für Partnerwahl und Kindererziehung, Geldanlage und berufliche Weichenstellungen entwickelt zu haben, verleiht Flügel: Selbstbewusstsein, Zuversicht, das beruhigende Gefühl, das Leben im Griff zu haben. Erfolgreiche Midagers müssen sich und anderen nichts mehr beweisen. Oder jedenfalls nicht mehr so viel. Sie kennen ihre Stärken und stehen gelassen zu ihren Schwächen.

Das geht umso leichter, als sie wissen: Das Blatt ist noch nicht ausgereizt. Die besonders Erfolgreichen der Alterskohorte haben gute Chancen, in den nächsten Jahren noch mehr als bisher aus dem Leben zu machen. Nehmen wir das Beispiel Karriere: Wer sich beim Einstieg ins Berufsleben gut verkaufte oder geschickt spezialisierte, erzielte schon damals ein höheres Jahreseinkommen als Gleichaltrige mit vergleichbarem Abschluss. Aber die Abweichung beschränkte sich auf einige tausend Euro. Mit der Zeit wird die Diskrepanz immer größer: Bei den weniger Erfolgreichen steigt das Gehalt mäßig an und pendelt sich nach wenigen Jahren auf relativ niedrigem Niveau ein. Für Überflieger gelten diese kurzen Zeitfenster nicht. Wer sich in der ersten Lebenshälfte einen Platz in den Führungsetagen eroberte, hat gute Chancen, in der zweiten Lebenshälfte in neue Einkommensdimensionen vorzustoßen.

Stark im Nehmen

Während wir uns in manchen Bereichen auf der Seite der Arrivierten, Angesehenen, Abgesicherten wiederfinden, holen uns in anderen die Fehler der Vergangenheit ein, von der abgebrochenen Ausbildung bis zum Raubbau an der Gesundheit. Frühere Entscheidungen bremsen uns aus. Krankheit, Trennung, Arbeitslosigkeit verengen für lange Zeit, manchmal für immer, die aussichtsreichen Perspektiven der frühen Jahre. Und anders als Jüngere glauben Fortysomethings nicht mehr, das Beste käme erst noch, wenn die Lebensentwürfe im Kopf nicht Wirklichkeit werden. Jenseits des vierzigsten Geburtstages lässt sich Versäumtes nicht mehr so leicht nachholen, Verspieltes nicht mehr ohne weiteres ersetzen. Je älter wir werden, desto mehr spiegelt die Gegenwart unsere Vergangenheit wider.

Christine und Max waren seit dem Tanzkurs unzertrennlich. Acht Jahre später, kurz nach dem Examen, kommt es zur Krise. Christine will heiraten, Max hat gute Aussichten auf eine Post-Doc-Stelle in Boston. Heiraten? Später, ja sicher. Aber nicht jetzt, mitten in der Qualifizierungsphase. Vor den Kopf gestoßen stellt Christine Max vor die Alternative Jetzt-oder-nie, zieht zu einer Freundin, ignoriert seine Anrufe und Briefe. Das ist fast zwanzig Jahre her. Christine ist inzwischen 43, geschieden, erzieht ihre Tochter seit Jahren allein. Es fällt ihr schwer, sich neu zu verlieben. Max ist längst nach Deutschland zurückgekehrt. Kürzlich sah Christine ihn wieder, mit Frau und Kindern beim Radeln am Rhein. Sein konzentrierter Blick, sein entwaffnendes Lächeln waren ihr gleich wieder vertraut. Seither plagt sie die Erinnerung. Und die Reue. Dass sie damals so stur war. So kindisch. So jung.

Mit Mitte dreißig entschloss Rainer sich nach langem Hin und Her zur Vasektomie. Zu dieser Zeit war er verheiratet, hatte zwei lebhafte Söhne und wollte sich und seiner Frau den Verhütungsstress ersparen. Zehn Jahre später ist er geschieden, und seine neue Lebensgefährtin wünscht sich sehnlich ein Baby. Eine Rückoperation ist möglich. Aber eine Erfolgsgarantie gibt es nicht.

Dass angehende Gymnasiallehrer schlechte Chancen auf den Job fürs Leben hatten, wusste Anfang der 80er Jahre eigentlich jeder. Erst recht mit einer 08/15-Fächerverbindung wie Englisch und Geografie. Kerstin zog das Studium trotzdem durch. Ihr Examensdurchschnitt war gut, ihre Lehrproben setzten Maßstäbe. Für eine Festanstellung reichte es dennoch nicht. Seither arbeitet Kerstin als Unternehmerin in eigener Sache: Schwangerschaftsvertretungen, Volkshochschule, Managerseminare. In den ersten Jahren genoss Kerstin die freie Arbeit. »Als Netzwerkerin bin ich unschlagbar.« Heute, mit Anfang vierzig, belastet sie der Gedanke, ohne ein Minimum an Sicherheit zu arbeiten. »Es gibt Tage, an denen beneide ich meine Eltern. Dreißig Jahre Festanstellung, abbezahltes Haus, sichere Rente.«

Aus Erfahrung klug

Mit über vierzig ist so mancher Traum geplatzt. Mit über vierzig gibt es wunde Punkte in der Biografie. Mit über vierzig können wir unsere Geschichte nicht einfach neu schreiben. Das ist nicht leicht, besonders nicht für die, die in der mittleren Lebensphase schlecht abschneiden im Rattenrennen Mein-Mann-mein-Kind-mein-Haus-mein-Hund, Meine-Familie-meine-Karriere-mein-Steuersatz.

Leider ist das menschliche Gehirn darauf gepolt, auf Negatives stärker zu reagieren als auf Positives. Deshalb müssen wir schon genau hinschauen, um wahrzunehmen: Krisen, Rückschläge und Verluste tun nicht nur weh, sie machen auch stark. Das klingt nach Trostpreis. Aber Tatsache ist: Tapferkeit und Durchhaltevermögen lernen wir nicht, wenn alles glatt läuft. Sondern vor allem dann, wenn es hart auf hart geht. Vieles, was negativ daherkommt, bringt uns ja nicht nur Angst, Trauer und Enttäuschung. Sondern ganz erstaunliche Erfahrungen:

Energie und Initiative, wenn der erste Schock verdaut ist.

Unterstützung, wo wir sie nicht erwartet hätten.

Glückliche Zufälle, die wir nie für möglich hielten.

Mitgefühl, weil wir begreifen, dass Glück eben doch nicht machbar ist.

Selbstvertrauen, weil wir uns in schwierigen Zeiten nicht unterkriegen ließen.

Midagers haben eine Menge hinter sich. Deshalb sind sie krisenfester, als sie denken.

Etabliert und unabhängig

Irgendwann zwischen vierzig minus und fünfzig plus stehen die meisten auf dem Gipfel des äußeren Erfolgs. Die Familie ist gegründet, die Karriere am Laufen, das Haus gebaut. Die Kinder sind aus dem Gröbsten heraus, die alternden Eltern noch autark. Kontostand, Lebensversicherung, »Sozialpunkte« und langjährige Firmenzugehörigkeit oder die Aussicht, demnächst wieder über ein zweites Einkommen oder eine Erbschaft verfügen zu können, federn Lebensrisiken besser als früher ab.

Während wir in den Aufbaujahren zwischen Job und Familie rotierten und häufig weder für das eine noch das andere genug Zeit fanden, lässt in der Lebensmitte der Druck allmählich nach. Um den vierzigsten, fünfundvierzigsten Geburtstag herum haben viele wieder mehr Luft zum Atmen, sind bei allen Belastungen weniger einseitig festgelegt als früher. Frauen kehren nach der Kinderpause zurück in den Beruf, Männer gönnen sich mehr Zeit für Freizeit und Familie. Midagers haben viel erreicht. Das macht unabhängig und selbstbewusst.

Vielleicht haben Sie diese neue Freiheit aber noch gar nicht wahrgenommen. Vielleicht leiden Sie ganz im Gegenteil unter dem Gefühl, im Job ersetzbar zu sein und von den Kindern weniger gebraucht zu werden. Wenn der Praktikant das neue Betriebssystem beherrscht, das man selbst nur vom Hörensagen kennt, wenn die elfjährige Tochter neuerdings lieber mit der Freundin als mit den Eltern shoppt, gerät das Selbstbild ins Wanken. Wir sehen unsere Kompetenz, unsere Existenzberechtigung in Zweifel gestellt. Das Gefühl keimt auf, nutz- und wertlos zu sein.

Das ist eine Sicht, die Entwicklung der Dinge zu sehen. Weitsichtige lenken die Angst, demnächst nicht mehr so gefragt zu sein, in positive Bahnen. Wo Kinder selbständiger werden, Jüngere Aufgaben an sich reißen, eröffnen sich uns neue Spielräume. Wir können tun, was wir schon immer tun wollten. Uns Aufgaben zuwenden, bei denen mehr die große Linie zählt als das Detail. Ziele verfolgen, die über das Tagesgeschäft hinausgehen. Oder uns schlicht die Zeit für uns nehmen, die uns bisher immer gefehlt hat.

Professionell, erfahren und ein bisschen weise

Die Schnelligkeit geht. Die Weisheit kommt. Diese Einfachstformel beschreibt die Entwicklung der Intelligenz im Lauf des Lebens.

Dass Junge schnell und Alte langsam lernen, ist hinreichend bekannt. Schon Thirtysomethings staunen, wie kundig der Vierjährige zwischen Tyrannosaurus Rex und Brachiosaurus zu unterscheiden weiß, wie rasch der 13-Jährige bei geeigneter Motivation chemische Formeln paukt, wie akzentfrei die 15-Jährige zur Musik von Eminem rappt. Im Vergleich dazu wirkt unser eigenes, langsameres Lernen, unser verhandlungssicheres, aber wenig kosmopolitisch klingendes Englisch reichlich frustrierend.

Gewiss kostet es Fortysomethings bei gleicher Anstrengung mehr Mühe als Jüngeren, sich neue Informationen einzuprägen, einen neuen Sport zu erlernen, sich an neue Abläufe zu gewöhnen. Unsere Stärken liegen auf anderen Gebieten: Wir punkten, sofern wir intellektuell am Ball geblieben sind, mit Expertenwissen, emotionaler Intelligenz und Lebensklugheit.

Expertenwissen

Dank unseres Alters konnten wir unser Wissen über Jahre hinweg erweitern, verfestigen und immer wieder aktualisieren. Das heißt: Wir haben nicht nur mehr Faktenwissen angehäuft als Jüngere. Vor allem haben wir die Regeln unseres Fachs verinnerlicht und im Gehirn zu den Tausenden von Wissenspaketen verknüpft, die für Spitzenleistungen in einem Spezialgebiet notwendig sind. 10 000 Stunden oder zehn Jahre brauchen wir im Durchschnitt, bis wir es in einem Fach zur Meisterschaft bringen, fand der amerikanische Psychologe Anders Ericsson heraus. Legt man die Ausbildungszeiten in Deutschland zugrunde, erreichen die meisten diesen Kompetenzgrad erst ab Mitte dreißig. Erst dann verfügt man über das Erfahrungswissen, in wenigen Makroschritten komplexe Zusammenhänge einzuordnen und Probleme zu lösen, bei denen sich weniger Geübte in tausend Einzelheiten verfangen. Midagers sind Experten auf ihrem Gebiet.

Emotionale Intelligenz

Aber nicht nur fachlich haben wir in der Lebensmitte den Überblick. Auch im Umgang mit uns und anderen lernen wir immer weiter dazu, gewinnen wir an Besonnenheit und Lebensklugheit. Je älter wir werden, desto besser können wir uns auf andere Menschen einstellen, desto genauer hören wir zu, desto geschickter managen wir Ängste, Aggressionen und kritische Situationen. »Das emotionale Lernen«, so der Psychologe Daniel Goleman, »hört nicht auf, solange wir leben.« Allerdings steigert nicht jeder über vierzig automatisch die Fähigkeit, intelligent und sensibel mit den eigenen Gefühlen und denen anderer umzugehen. Vielmehr braucht es dazu Aufgeschlossenheit, Achtsamkeit für Stimmungen und die Bereitschaft, erlernte emotionale Muster in Frage zu stellen.

Midagers sind weniger schnell als Jüngere. Aber auch weniger vorschnell. Deshalb sind wir jetzt besonders gut in Bereichen, in denen Professionalität, Risikobewusstsein und Kundenorientierung zählen.

Weisheitswissen

Mit vierzig haben wir unser geistiges Potenzial noch längst nicht ausgeschöpft. In der zweiten Halbzeit wird zwar die fluide Intelligenz, die rasche Auffassungsgabe, langsam abnehmen. Dafür kann, bei entsprechender Bildung, Offenheit und sozialer Kompetenz, das Weisheitswissen wachsen: Wir begreifen immer besser, dass es keine perfekten Lösungen gibt. Dass Menschen von unterschiedlichen Interessen, Werten und Motiven geleitet sind. Dass das Leben voller Unwägbarkeiten steckt. Dass es Momente gibt, in denen der beste Rat auf taube Ohren stößt. Grundlagen für Weisheit werden zwar schon zwischen dem 15. und 25. Lebensjahr gelegt. Aber erst im mittleren und späten Erwachsenenalter haben wir genug erlebt, um komplexe Lebensprobleme differenziert betrachten zu können.

»Ein 15-jähriges Mädchen will unbedingt sofort heiraten. Was kann man ihr raten? Was sollte man berücksichtigen?«, so lautete eine der »Weisheitsaufgaben«, die die Altersforscher Paul Baltes und Ursula Staudinger Versuchspersonen zwischen 29 und 90 Jahren stellten. 60- bis 70-Jährige schneiden bei solchen Gedankenspielen überdurchschnittlich oft mit Höchstleistungen ab. Denken Sie einen Augenblick über die Frage nach. Was würden Sie antworten? Die spontane Reaktion »Heiraten? Mit fünfzehn? Bloß nicht!« ist nicht sehr weise. Einen hohen Grad an Weisheit bescheinigten die Forscher dagegen denen, die überlegen, aus welchem Kulturkreis das Mädchen kommt, ob es zum ersten Mal verliebt ist, ob es womöglich verwaist ist oder an einer unheilbaren Krankheit leidet.

Weisheit lässt sich übrigens gezielt trainieren. Staudinger und Baltes empfehlen, dafür die folgenden drei Fähigkeiten zu stärken:

- Akzeptieren Sie, dass Menschen von unterschiedlichen Motiven, Werten und Lebenszielen geleitet sind. Diese Fähigkeit heißt *Wert-Relativismus*.

- Wer weise sein will, muss das große Ganze sehen. Werten Sie ein Ereignis, eine Lebensfrage deshalb nicht isoliert, berücksichtigen Sie auch das Umfeld mit – Familie, Beruf, Freizeit, Freunde, gesellschaftliche Position, Zeitgeist. Dieses Weisheitskriterium wird als *Lifespan-Kontextualismus* bezeichnet.
- Nicht alles ist bekannt, erklärbar, vorhersagbar. Die einfache Standardlösung, nach der sich viele sehnen, existiert nicht. Wer weise werden will, muss lernen, Unwägbarkeit auszuhalten und mit der Ungewissheit des Lebens umzugehen.

Das echte Alter, darin sind sich die Deutschen aller Altersgruppen einig, beginnt ungefähr mit 75. Die Panik vor dem Alter setzt ein halbes Jahrhundert früher ein. Kurz vor dem dreißigsten Geburtstag breitet sie sich galoppierend aus.

Auch schon dreißig? Ein Trostbüchlein für ältere Mitbürger
Sex ab dreißig. Null problemo
Stützstrümpfe unterm Mini-Rock. Das harte Leben der Frauen über 30

So oder ähnlich heißen die Handreichungen, die der Buchhandel fürs Dreißigwerden bereit hält. Schon in frühen Jahren zählt Älterwerden nicht zu den Erfahrungen, nach denen wir uns drängen. Dabei ist eine positive Einstellung zum Älterwerden der beste Garant für ein langes, lustvolles Leben.

Wie das Lebensdrehbuch die Lebenserwartung bestimmt

Unbewusst, ohne es zu merken, verinnerlichen wir von Kindheit an abwertende Bilder vom Älterwerden. Zwar kennt fast jeder 60- und 70-Jährige, die innovationsfreudig und erstaunlich unkonventionell die herkömmlichen Vorstellungen vom Alter Lügen strafen. Die Formulierung ist verräterisch: »Erstaunlich« finden wir sie, die netten Jung-im-Kopf-Gebliebenen, ungewöhnlich, eine Ausnahme im Heer der beigen Windjacken, die die Supermarktkassen bevorzugt dann belagern, wenn gestresste Jüngere zwischen Büroschluss und Lauftreff mal eben die Zutaten fürs Abendessen besorgen wollen.

Positive Einzelerfahrungen vermögen die Klischees vom Alter kaum aufzuhellen. Älter werden bedeutet für die, die vorerst nicht davon betroffen sind, grau zu werden, verbissen, schlecht gelaunt. Kostenfaktor. Ausbremser. Kleingeist. Oder anders, aber keineswegs angesehener: unproduktiv, überversorgt, unverwüstlich. Geradezu aufreizend fidel. Das Wort vom Mallorca-Rentner macht die Runde. Die Verteilungskämpfe zwischen Alt und Jung werden härter. Wer ein künstliches Hüftgelenk benötigt, wird scheel angesehen, als plane er ein Genuss-Event auf Kosten der Sozialversicherer.

Solange wir mittendrin im Leben stehen, ist es leicht, die Angst vor körperlichem Verfall und gesellschaftlicher Nutzlosigkeit auf die zu projizieren, die weniger Zukunft vor sich haben als wir. Einen Gefallen tun wir uns damit nicht: Wer sich ein reiches langes Leben wünscht, freundet sich am besten schon in jungen Jahren mit dem Älterwerden an.

Die Motivation dafür liefert die Wissenschaft. Eine über zwanzig Jahre dauernde Studie an den Universitäten Yale und Miami mit 660 Teilnehmern zwischen 50 und 94 ergab: Personen mit einem positiven Altersbild denken eigenständiger, handeln selbstbestimmter und verfügen über einen stärkeren Lebenswillen als Studienteilnehmer, die Ältere pauschal unterschätzen. Eine positive Einstellung zum Alter, dem eigenen und dem der anderen, erhöht aber nicht nur die Lebensqualität, sondern auch die Lebensdauer: Studienteilnehmer, die ihr Alter bejahten, lebten im Durchschnitt siebeneinhalb Jahre länger als Personen, die mit ihrem Alter haderten. Das galt übrigens auch für die weniger gesunden und wirtschaftlich schlechter gestellten unter den Befragten.

Wie wir die Zeit ab vierzig erleben werden, hängt also maßgeblich davon ab, was wir uns davon erwarten. Abstieg und Ruhe? Stagnation auf hohem Niveau? Erfüllung und Erneuerung? Finden Sie heraus, mit welchem Lebensskript Sie in die zweite Halbzeit starten.

Auf dem Gipfel

Viele Menschen stellen sich das Leben vor als einen Berg wie den Zuckerhut: Auf einen steilen Aufstieg folgt der jähe Abstieg. Nach den Aufbaujahren, in denen sich privat und beruflich die Ereignisse und Erfolge überschlugen, mehren sich zwischen vierzig und fünfzig die Anzeichen, dass der Gipfel überschritten ist: Die Taillenweite wächst, das Bindegewebe wird schwächer, und ohne Brille geht es plötzlich auch nicht mehr. Die Kinder protestieren gegen den Familienurlaub, statt Profis mit langjähriger Erfahrung hofiert der Arbeitsmarkt *young professionals* mit internationaler Prägung, und anstelle des vor zehn Jahren gewählten Laminatfußbodens hätte man heute lieber dunkel gebeiztes Eichenholz.

Von nun an geht's bergab, höhnt das Spiegelbild, unkt die Umwelt. Erfolgsverwöhnten Over-Forties sträuben sich bei der Vorstellung, in Kürze den Abstieg anzutreten, die dünner werdenden Haare. Glücklosere fühlen sich dagegen oft erleichtert, in absehbarer Zeit einen Gang zurückschalten zu dürfen. Wer vom Existenzkampf zermürbt, von der Familie ausgenutzt, in der Firma abgeschrieben ist, empfindet einen vorzeitigen Ausstieg als Befreiung und nicht als Einbuße.

Auf dem Hochplateau

Der überwiegende Teil der Fortysomethings verspürt allerdings wenig Lust, mittendrin im Leben die Talfahrt anzutreten. Viel lieber setzen wir darauf, den Ist-Zustand zu erhalten. Mit Sport, Yoga, Wellness, gut geschnittener Kleidung, Früherkennung, Weiterbildung und interessanten Hobbys richten wir uns für viele Jahre auf dem Tafelberg des Erwachsenseins ein, auf dem es sich, wenn alles gut geht, fast bis zum Lebensende angenehm leben lässt.

> *»Und doch wäre jedes Lebensalter schön, je weniger wir das, was ihm zukommt, verleugneten oder verträumten oder aufschöben.«*
> MAX FRISCH

Manche gehen noch weiter und drehen die Zeit ein Stück zurück:

Christine lässt sich die schlaff gewordene Kinnpartie operieren.

Isabella und Paul spielen mit dem Gedanken, noch einmal ein Baby zu bekommen. Seit die Große als Austauschschülerin in England lernt und der Kleine kaum vom Computer wegzulocken ist, würden sie gern nochmals junge Eltern sein.

Bernhard hat vor zwei Jahren den Reigen aus Heiraten-Bauen-Kinderkriegen von neuem begonnen. Die Neue, erzählt man sich, sieht wie eine jüngere Ausgabe von Bernhards Exfrau aus.

Die Fortsetzung des Vertrauten mit aufwändigeren Mitteln ist reizvoll. Aber es ist fraglich, ob wir einen jugendlich-hedonistischen Lebensstil für alle ein ganzes Leben lang verwirklichen können. Die demografische Entwicklung, leere Rentenkassen und ein überfordertes Gesundheitssystem sprechen dagegen.

Doch auch wenn wir uns das Plateau-Modell als Lifescript leisten könnten: Langfristig erwiesen wir uns mit einem simplen Weiter-wie-bisher einen Bärendienst. Wer in den Bergen wandert, weiß: Höhenwanderungen sind bequem. Aber der immer gleiche Trott wird auf Dauer monoton.

Startklar zum Höhenflug

Bis vor kurzem konzentrierte sich die Lebenslaufforschung auf die Jugend und das Alter. Deshalb hat sich noch nicht herumgesprochen, dass uns mittendrin im Leben mehr Chancen offen stehen als wir vermuten. Erst seit das Erwachsenenalter stärker ins Blickfeld der Entwicklungspsychologie rückt, zeichnet sich ab: Auf der Höhe der Lebensmitte eröffnen sich ungeahnte Perspektiven.

Der amerikanische Entwicklungspsychologe Daniel Levinson spricht vom »zweiten Erwachsenenalter«.

Der Soziologieprofessor William A. Sadler prägte den Begriff von der »zweiten Reifung«.

Die Publizistin Gail Sheehy nennt den vor uns liegenden Lebensabschnitt das »Alter der Überlegenheit«.

Ihre Erkenntnisse werfen auf die Jahre nach der Lebensmitte ein optimistisches Licht: Richtig gelebt ist das menschliche Dasein ein lebenslanger Reifungsprozess zu neuen Lernerfahrungen, mehr geistiger Unabhängigkeit und einer immer stabileren Identität. Bisher kommt die Mehrheit der Midagers zwar auf einer Stufe zum Stillstand, die nach Auffassung der amerikanischen Psychologin Jane Loevinger weit unter ihren maximalen Entwicklungsmöglichkeiten liegt. Doch wer es schafft, sich ab vierzig neuen Idealen jenseits von Konsum, Karriere und knackiger Figur zuzuwenden, hat beste Chancen, glücklicher denn je zu leben.

Welches Drehbuch bestimmt Ihr Leben?

Mehr als jede Generation vor uns können wir unseren Lebensentwurf, unser für die zweite Halbzeit selbst bestimmen. Sofern uns kein Schicksalsschlag in den Abgrund stößt, steht es uns frei, zwischen verschiedenen Mustern zu wählen: Wir können allmählich den Abstieg ins Tal antreten. Oder bequem auf gut ausgebauten Höhenwegen weiterwandern. Oder zu neuen, unerforschten Gipfeln aufbrechen. Finden Sie heraus, welches Drehbuch Ihr Leben bestimmt.

Kreuzen Sie bei jeder Frage die Antwort an, die am ehesten für Sie zutrifft.

Frage 1

Was denken Sie, wenn Sie in den Spiegel schauen?

- Ich könnte mehr aus mir machen. **A**
- Ich bin mit mir im Einklang. **C**
- Ich sehe zehn Jahre jünger aus. **B**

Frage 2

Ihre Firma plant die Einführung eines Kundenbindungssystems. Was sagen Sie dazu?

- Gute Idee, ich bestelle mir umgehend ein Fachbuch zum Thema. **B**
- Öfter mal was Neues. Das sollen die Jungen machen. **A**
- Ich freue mich, dass mein Vorschlag aufgegriffen wurde. **C**

Frage 3

Was zieht Sie am meisten an?

- Zuckerhut **A**
- Gebirgslandschaft **C**
- Tafelberg **B**

Frage 4

Ein Freund wird fünfzig. Wie gratulieren Sie?

- Lebe! Liebe! Lache! **C**
- Man wird nicht älter, sondern besser! Happy Birthday! **B**
- Schläfst du beim Fernsehen öfter ein,
schmerzt heut' die Schulter, gestern 's Bein,
willst Ruh' und Frieden nur zukünftig,
dann ist's so weit, dann wirst du »fünfzig«! **A**

Frage 5

Sie haben im Preisausschreiben gewonnen und dürfen sich eine Wochenendreise aussuchen. Welche wäre das?

- Drei Tage Robinson-Club in der Türkei. **B**
- Ein Meditations-Seminar im Oberengadin. **C**
- Ein Vital-Wochenende in Bad Füssing. **A**

Frage 6

Welche Werte gewinnen für Sie zurzeit am meisten an Bedeutung?

- Zeit und Balance **C**
- Zufriedenheit und Sicherheit **A**
- Ansehen und Wohlstand **B**

Frage 7

In Ihrem Gesicht zeichnen sich deutliche Falten zwischen Nase und Lippen ab. Wie werden Sie damit fertig?

- Das muss man akzeptieren. **A**
- Ich melde mich zu einem Yoga-Kurs an, ich möchte lernen, mich gezielt zu entspannen. **C**
- Ich ziehe eine Faltenunterspritzung in Betracht. **B**

Frage 8

Eine gute Freundin spielt mit dem Gedanken, sich von dem Mann zu trennen, mit dem sie seit 23 Jahren lebt. Was raten Sie?

- Es ist ganz normal, dass nach so vielen Jahren die Luft raus ist. **A**
- Es ist sicher reizvoll, auszubrechen und noch einmal ganz von vorn anzufangen. **B**
- Vielleicht hat es sein Gutes, wenn man sich in dieser Phase mal in Frage stellt. **C**

Frage 9
Was macht Ihnen momentan in Sachen Älterwerden am meisten zu schaffen?
- Dass die Falten tiefer werden. **B**
- Dass das Renteneintrittsalter erhöht wird. **A**
- Dass die Lebenszeit kürzer wird. **C**

Frage 10
Worauf sind Sie beruflich zur Zeit besonders stolz?
- Dass sich Arbeit und Leben besser als früher im Gleichgewicht befinden. **C**
- Dass ich auf eine ansehnliche Reihe von Erfolgen und Erfahrungen zurückblicke. **A**
- Dass mir von den Jüngeren so leicht niemand das Wasser reichen kann. **B**

Frage 11
Sie möchten wissen, wie man die Jahre ab vierzig optimal gestaltet. Welcher Buchtitel spricht Sie am meisten an?
- »Forever young« **B**
- »Die Midlife-Chance« **C**
- »So gewinnen Sie mehr Lebenskraft« **A**

Nach diesem Drehbuch leben Sie

Zählen Sie zusammen, wie oft Sie A, B oder C angekreuzt haben. Falls kein Buchstabe eindeutig überwiegt, lesen Sie bitte die Auflösung der beiden häufigsten Buchstaben.

A: SIE SIND JÜNGER, ALS SIE DENKEN

Das muss man Ihnen lassen: Sie klammern sich nicht an die Jugend. Sie wissen, dass alles im Leben seine Zeit hat. Sie haben keine übersteigerten Erwartungen. Sie müssen nicht mehr die erste Geige spielen. Sie finden, jetzt sind die Kinder an der Reihe. Sie haben sich damit abgefunden, dass die Haut schlaffer wird, die Karriere stockt und Liebe und Leidenschaft mit den Jahren nachlassen.

Ihre Zufriedenheit in allen Ehren, aber haben Sie ehrlich keine Lust mehr auf Sex? Kein Interesse an Erfolg? Keinen Spaß daran, gut auszusehen? Erwarten Sie sich vom Leben wirklich nur noch Frieden, Gesundheit und eine gesicherte Rente?

Sich fatalistisch in das Älterwerden zu fügen, beschneidet die persönliche Entwicklung. Resignation verleiht den besten Jahren weder Glanz noch Sinn. Lassen Sie die zweite Lebenshälfte nicht verstreichen, ohne neue Entdeckungen und Erfahrungen zu machen.

Das können Sie für sich tun:

- Verzichten Sie darauf, Aussehen und Leistungen zum Jahrgang in Bezug zu setzen: »Mia hat sich erstaunlich gut gehalten.« Werten Sie lieber altersunabhängig: »Ich finde, Mia hat heute wieder toll ausgesehen.« Der Sinn der Übung: Ihnen wird bewusst, wie klischeehafte Vorstellungen den Horizont verengen.
- Probieren Sie mindestens einmal in der Woche etwas Neues aus: Kosten Sie eine Frucht, die Sie nicht kennen. Kaufen Sie sich eine Zeitung oder Zeitschrift, die Sie noch nie gelesen haben. Denken Sie sich eine Überraschung für den Partner, die Partnerin aus. Verblüffen Sie Ihre Tochter mit der brandneuen CD der angesagten Boygroup.

B: SIE BLEIBEN AM BALL

Älterwerden ist für Sie kein Thema. Allenfalls eine Herausforderung. Sie sind topfit, mischen im Job vorne mit und fühlen sich subjektiv wohler als vor zehn, fünfzehn Jahren. Warum auch nicht, schließlich stehlen auch Michelle Pfeiffer und Tom Hanks den meisten Jüngeren die Schau. Um Ihre optimistische Vorstellung vom Älterwerden zu verwirklichen, investieren Sie ein gutes Maß an Zeit und Energie: Sport, Wellness, bewusste Ernährung, Lifelong Learning, Wegspritzen von Falten.

In dem Sog, jung zu bleiben, kommen Sie allerdings kaum dazu, Bilanz zu ziehen und neue Möglichkeiten der Sinngebung zu erkunden. Um die zweite Lebensstufe wirklich erfolgreich zu zünden, ist aber auch ein bewusster Umgang mit den inneren Veränderungen ab vierzig nötig.

Das können Sie außerdem für sich tun:

- Wenn Sie Ihre Ziele überdenken möchten, geht das nicht von heute auf morgen. Aber Sie können hier und jetzt damit anfangen: Welche Werte sind Ihnen wirklich wichtig, jenseits von Aussehen und Ansehen? Was möchten Sie in den nächsten Tagen tun, um einen davon zu verwirklichen?
- Entspannen Sie sich regelmäßig. Zum Beispiel mit dieser einfachen, der Zen-Meditation entlehnten Übung. Setzen Sie sich bequem im Schneidersitz hin. Schließen Sie die Augen. Wählen Sie einen Begriff mit einem angenehmen Inhalt, zum Beispiel »Glück« oder »Ruhe«. Konzentrieren Sie sich auf dieses Wort und atmen Sie dabei ruhig ein und aus. Sobald Ihre Gedanken abschweifen, lenken Sie sie zu dem gewählten Wort zurück. Der Sinn der Übung: Sie werden gelassener und wenden den Blick nach innen.

C: SIE SIND AUF DEM BESTEN WEG

Leben bedeutet für Sie, lernen und wachsen. Egal, in welchem Alter. Sie verfügen über ein solides Selbstvertrauen, achten aufmerksam auf Ihr Inneres und entwickeln Schritt für Schritt einen Lebensstil, der zu Ihnen passt. Insbesondere bringen Sie immer besser das Kunststück fertig, mit dem »Sowohl – als auch« umzugehen und Gegensätzliches ins Gleichgewicht zu bringen: In vollen Zügen den Augenblick zu genießen – und gleichzeitig realistisch für die Zukunft vorzusorgen. Beruflich voll da zu sein – aber Überstunden nur in Spitzenphasen zu machen. Bewusst zu essen – und gerade deswegen immer empfänglicher zu werden für das Raffinierte und Überraschende.

Trotzdem spüren Sie, dass der Verlust der jugendlichen Schönheit oder die Angst vor Krankheiten Ihnen zu schaffen macht. Weichen Sie diesen Empfindungen nicht aus, sie gehören dazu, wenn Sie sich realistisch mit der Lebensmitte auseinandersetzen. Begreifen Sie Angst, Wut und Trauer als Katalysatoren eines Reifungsprozesses, aus dem Sie am Ende mit neuen Prioritäten hervorgehen werden. Zum Beispiel mit der Erkenntnis, dass Job und Stress nicht das Wichtigste sind. Dem Bedürfnis, wieder liebevoller mit dem Partner, der Partnerin umzugehen. Der Fähigkeit, Ihr Leben mehr zu schätzen.

Das können Sie außerdem für sich tun:

- Stärken Sie Ihr Körperbewusstsein. Planen Sie Zeit für sich ein. Treiben Sie regelmäßig und gezielt Sport. Machen Sie lange Spaziergänge. Erlernen Sie eine Methode zur Stressbewältigung. Äußern Sie freimütig Ihre Gefühle. Wie überlegen Sie älter werden, hängt vor allem davon ab, wie gut Sie bereits heute für sich sorgen.
- Öffnen Sie sich der Außenwelt. Investieren Sie mehr Zeit in die Beziehung zu anderen Menschen. Engagieren Sie sich. Geben Sie Erfahrungen weiter. Seien Sie großzügig mit Geld, Zuwendung und Interesse. Nehmen Sie sich Zeit, Musik zu machen, zu malen, zu fotografieren, zu schreiben. *Generativität* nennen Psychologen diese Eigenschaft, sich für andere und anderes als die eigene Person, die eigene Familie zu interessieren.

Von wegen alles beim Alten
Über Umbrüche und Aufbrüche

Wir schätzen Bauhausklassiker und Jahrgangsweine. Wir träumen von der Jugendstilwohnung oder dem sanierten Bauernhaus. Wir richten uns mit Silber vom Trödel und Möbeln aus dem Biedermeier ein. Zeitgeistige zahlen teures Geld für Vintage-Cars, Used Look und die nach traditionellen Mustern gefertigte Federzugleuchte von Manufactum. Wir mögen sie, die alten Dinge. Was echt ist, verfeinert, ausgereift, was Seele hat und von Geschichte zeugt, genießt hohes Ansehen. Altes und Ästhetik, Altes und Funktionalität sind für uns kein Widerspruch.

Die Faszination des Alten haben wir erkannt. Die Faszination des Älterwerdens müssen wir erst noch entdecken. Gedankenanstöße liefert dieses Kapitel.

Unerforschtes Terrain

Zwischen Anfang 20 und Ende 30 waren die Lebensaufgaben klar umrissen: die Ausbildung abschließen, die große Liebe finden, einen aussichtsreichen Job bekommen, zusammenziehen, heiraten, Karriere machen, ein Haus bauen, Kinder kriegen, zum eingespielten Paar zusammenwachsen. Den einen oder anderen Schritt haben wir vielleicht ausgelassen, manches ist uns erst im zweiten oder dritten Anlauf gelungen. Dennoch ragten die Meilensteine des Lebens so weithin sichtbar in den Himmel auf, dass uns manchmal das peinliche Gefühl beschlich, aller Individualität zum Trotz reichlich ausgetretenen Pfaden zu folgen.

Verglichen mit den klar vorgezeichneten Aufbaujahren präsentieren sich die vor uns liegenden Jahre der Vervollständigung wie ein weißer Fleck auf der Landkarte. Wer sich von der zweiten Lebenshälfte mehr erhofft, als fit und gesund zu bleiben, zu reisen und zu golfen, findet keine ausgetesteten Wegbeschreibungen vor.

In den Aufsätzen und Büchern der Lebensverlaufsforscher sind zwar typische Entwicklungsaufgaben der Lebensmitte beschrieben. Aber sogar die Wissenschaftler selbst kritisieren die geringe inhaltliche Übereinstimmung ihrer Ansätze. Fest steht nur: Die Herausforderungen des zweiten Erwachsenenalters sind komplexer als die des ersten. Sie münden seltener in äußere, auf Anhieb sichtbare Erfolge. Sie sind in sich widersprüchlich. Sie sind ein persönlicher Akt der Vollendung.

Deshalb bietet die Forschung zwar Orientierungspunkte an. Den Weg aber müssen wir uns selber bahnen. Hier sind sechs Routenvorschläge für den Aufbruch.

Veränderungen akzeptieren

Zum ersten Mal im Leben leidet er an Schlafstörungen. Wacht auf, zwei Stunden bevor der Wecker klingelt. Fühlt sich gereizt und nervös. Verbissen powert er sich durch den Tag, kommt abends noch später nach Hause als gewöhnlich. »Lass dich besser mal durchchecken. Und gönn dir wenigstens am Wochenende eine Pause«, rät die Partnerin. Er geht hoch. »Verdammt noch mal, ich gehör noch nicht zum alten Eisen.«

Das ist natürlich richtig. Aber mit vierzig plus geht das Leben nicht einfach so weiter wie bisher. Das spüren wir ganz deutlich. Darauf sind zwei Reaktionen möglich. Reaktion 1: Wir ignorieren die Zeichen der Zeit und machen unverdrossen weiter. Notfalls bis zum Umfallen. Reaktion 2: Wir gehen flexibel und intelligent mit der neuen Herausforderung um. Und stellen uns den Fragen, die uns immer öfter durch den Sinn gehen:

- Kann das schon alles gewesen sein?
- Wo ist die Zeit geblieben?
- Will ich so weitermachen wie bisher?
- War das alles bisher so richtig?
- Habe ich erreicht, was ich erreichen wollte?
- Sind die Träume von früher überhaupt noch wichtig für mich?
- Bin ich glücklich?
- Mag ich mich, so wie ich heute bin?
- Lebe ich so, wie ich es wirklich will?

Diese Gedanken sind unbequem und sogar beängstigend. Sie verlangen uns ab, dass wir unerfüllten Träumen und unvermeidlichen Einbußen ins Auge sehen: Dass wir nicht Konzertgeigerin geworden sind, sondern Musiklehrerin. Dass wir vermasselt haben, was wir vor dem Traualtar versprochen haben: zusammenbleiben, bis dass der Tod uns scheidet. Dass wir keine Kinder bekommen konnten. Dass die Kinder keine Kinder mehr sein wollen. Dass uns der Job nicht ausfüllt. Dass wir es nie geschafft haben, aus unserer Heimatstadt herauszukommen. Dass beruflich das Ende der Fahnenstange erreicht ist. Dass wir viel öfter als früher mit Krankheit und Tod konfrontiert sind. Dass die anderen uns nicht so jung sein lassen, wie wir uns fühlen. »Sie haben erstaunlich wenig graue Haare«, wundert sich die Friseurin, der halbe Salon hört mit. »Unten links liegen zwei Zahnhälse frei«, diagnostiziert der Zahnarzt und wirft einen Blick auf den Bildschirm: »In Ihrem Alter ist das ganz normal.«

Würden sich die Zeichen der Zeit im Herbst unseres Lebens bemerkbar machen, im Oktober oder November, wären wir auf den Wandel vielleicht vorbereitet. Tatsächlich überfallen sie uns viel früher, kurz vor oder nach dem vierzigsten Geburtstag, mittendrin im Leben. Am liebsten würden wir die Symptome ignorieren, so wie die Lebkuchen, die Ende August Einzug in die Supermärkte halten und daran erinnern, dass es Zeit wird, Kaminholz zu bestellen und Blumenzwiebeln zu setzen.

Der vierzigste, der fünfundvierzigste, der fünfzigste Geburtstag kommt bestimmt. Nicht morgen und nicht übermorgen, aber doch in absehbarer Zeit. Es wäre unproduktiv, wollten wir uns dagegen stemmen. Viel sinnvoller ist es, den Wandel zu akzeptieren und, ausgestattet mit den Erfahrungen und Ressourcen eines halben Lebens, beizeiten die Möglichkeiten der Zukunft auszuloten.

Das Leben neu justieren

Glücklicherweise ist das Ende der Jugend nicht der Beginn des Alters. Sondern der Auftakt des zweiten Erwachsenenalters. Der Anfang eines großen Stücks Zukunft. Der Beginn der besten Jahre. Jedenfalls dann, wenn wir den neuen Lebensabschnitt mutig und bewusst in Angriff nehmen.

- Was ist mir jetzt am wichtigsten?
- Was ist energieraubender Ballast?
- Was möchte ich in den nächsten Jahren erreichen, erleben, verwirklichen?
- Was hält mich davon ab?
- Was möchte ich auf keinen Fall versäumen?
- Wie möchte ich in zehn Jahren leben?
- Wie kann ich meinem Leben neue Impulse geben?

Das sind die klassischen Sinnfragen, die sich jeder um die vierzig stellt. Bei manchen münden diese Überlegungen in den Drang, die ausgetretenen Pfade zu verlassen und noch einmal umzusatteln. Wie die gelernte MTA, die mit einundvierzig das Medizinstudium beginnt, das sie sich vor zwanzig Jahren nicht zutraute. Oder der Maschinenbauingenieur, der sein Fahrradhobby zum Beruf machte und mit 52 einen erfolgreichen Internetversand für Rennräder aufbaute. Sicher kennen Sie ähnliche

Lebensgeschichten. Dass jemand nach zehn Jahren Familienarbeit oder zwanzig Jahren Vollbeschäftigung das tut, was er sich vorher aus guten oder weniger guten Gründen versagt hat, gehört zu den klassischen Entwicklungsmustern der Lebensmitte.

Wahr ist allerdings auch: Die Zeiten haben sich geändert. Wer heute zwischen vierzig und fünfzig ist, wurde in einer anderen Welt erwachsen als die Elterngeneration. Vorgezeichnete Lebensläufe und klassische Rollenmuster verloren an Bedeutung, Bastelbiografien und Patchwork-Verhältnisse wurden zur Norm. Fortysomethings haben statistisch gesehen erheblich öfter den Arbeitsplatz, den Wohnort, die Lover, die Haarfarbe und vielleicht sogar den Lebenspartner gewechselt als ihre Eltern.

Vielleicht geht es Ihnen deshalb wie mir: Sie brauchen mit vierzig plus keine Fesseln zu sprengen. Sie haben sich selbst gefunden. Sie leben in dem Gefühl, das meiste erreicht zu haben, was Sie sich wünschen, beruflich und privat. Sie werden wohl nicht mehr im Einhandsegler auf Weltreise gehen. Nach der Experimentierlust der zwanziger und dem Stress der dreißiger Jahre wünschen Sie sich in den Vierzigern Balance, Genuss und Entspanntheit.

> *»Ich bin 33. Ich registriere, dass meine Haut nicht mehr ganz so straff ist und dass Hollywood damit Schwierigkeiten hat. Welche Ironie: Das schauspielerische Können scheint genau in dem Maß zu wachsen, in dem die Schönheit verwelkt.«*
>
> Uma Thurman

Keine Sorge: Um dem Leben ab vierzig neuen Drive zu geben, bedarf es keiner spektakulären äußeren Veränderungen. Die wichtigen Neuerungen der Lebensmitte manifestieren sich nicht in aufsehenerregenden Abenteuern, sie finden in uns statt: Wenn wir besser für unseren Körper sorgen. Wenn wir aufhören, uns über die Kinder zu definieren. Wenn wir weniger nach dem

Urteil anderer schielen. Wenn wir es erstmals nach vierzehn Jahren Ehe ablehnen, an Heiligabend bei den Eltern zu bescheren und bei den Schwiegereltern Karpfen blau zu essen. Solche Veränderungen wirken nach außen hin unscheinbar. Aber auch Mini-Justierungen summieren sich.

Dem wahren Selbst näher kommen

Seit fast zwei Jahren kämpft Gerd, Inhaber einer kleinen Firma für Medizintechnik, um das wirtschaftliche Überleben seines Betriebs. Als der Leasingvertrag für seinen Audi A 6 ausläuft, bestellt er dennoch das Nachfolgemodell mit Ledersitzen, Navigationssystem und Sechs-Zylinder-Motor. Mit einem kleineren Wagen könne er sich bei seinen Kunden nicht blicken lassen. Sagt er.

Eva ist seit drei Jahren begeisterte Drachenfliegerin. Ihre Eltern wissen nichts von ihrem Hobby, sie möchte sich nicht mit ihren Warnungen und Sorgen konfrontieren.

Dagmar taucht zwischendurch ganz gern mal in die heile Welt von Charlotte Link und Rosamunde Pilcher ab. Aber seit sie mit Kurt zusammenlebt, verzichtet sie auf das Vergnügen. Der promovierte Kunsthistoriker lehnt Seichtes ab.

Gerd, Eva und Dagmar, alle um die Vierzig, stehen mitten im Leben. Aber sie machen sich immer noch lieb Kind: um gut dazustehen, treffen sie unwirtschaftliche Entscheidungen, verheimlichen ängstlich einen wichtigen Teil ihres Lebens, verzichten kleinmütig auf Spaß und Entspannung. Um geliebt, gemocht oder bewundert zu werden, spielen sie den erfolgreichen Unternehmer, die pflegeleichte Tochter, die kultivierte Partnerin.

Der Kompromiss zwischen den eigenen Wünschen und den Anforderungen anderer hat uns in der Kindheit und im frühen Erwachsenenalter gute Dienste geleistet: zu Hause gab's Liebe für Liebsein, in der Schule Lob für Leistung, im Job Anerkennung für Anstrengung und Anpassung. Diese Lektion sitzt. Damit andere uns nicht negativ beurteilen, verstecken wir unsere »Schatten«, verleugnen die unbequemen Seiten unserer Persönlichkeit. In der Lebensmitte ist es uns zur zweiten Natur geworden, mit unseren Schokoladenseiten zu glänzen.

Leider ist das Spiel mit den Rollen, das wir mit vierzig aus dem Effeff beherrschen, unserer Weiterentwicklung in der zweiten Lebenshälfte eher hinderlich. Während wir im ersten Erwachsenenalter vor der Aufgabe standen, unseren Platz in der Gesellschaft zu finden, sind wir ab vierzig gefordert, unserem wahren Selbst näher zu kommen. Dieses Ziel können wir nur verwirklichen, wenn wir über die alten Rollen und Masken hinauswachsen. Das erfordert mehr Wahrhaftigkeit und weniger Imagepflege: »Wir wollen in diesem Jahr unseren Forschungsetat aufstocken, deshalb steuern wir einen strikten Sparkurs.« – »Es tut mir leid, wenn du dir Sorgen um mich machst. Aber ich möchte gern, dass du weißt, wie viel mir das Fliegen bedeutet.« – »Natürlich sind Frauenromane weltfremd. Gerade das genieße ich daran.«

Wenn Sie Ihre Probleme, Wünsche und Schwächen so selbstverständlich selbstbewusst ansprechen, riskieren Sie etwas: die Anerkennung derer zu verlieren, die nur die Traumfrau oder den Superman in Ihnen schätzen. Aber privat haben wir an Menschen, die uns nur mögen, wenn wir perfekt funktionieren, ohnehin nicht viel verloren. Und beruflich haben wir mit vierzig plus in der Regel so viel geleistet, dass wir es uns leisten können, unserer Umwelt mehr als die smarte Version, die pflegeleichte Variante unserer Persönlichkeit anzubieten. Die folgenden Tipps helfen dabei, die Schutzmaske abzulegen.

Schwimmen Sie gegen den Strom

Was werden nur die Leute sagen? Diese Frage stellt man sich in unserer Generation zum Glück nur mehr selten. Aber zwei oder drei der folgenden Sätze regieren sicher auch in Ihrem Leben mit.

Das kann ich … nicht zumuten.
Damit kann ich … nicht belasten.
Das braucht … nicht zu wissen.
Das bin ich … schuldig.
Da muss ich mich blicken lassen.
Das ist mit meiner Position nicht vereinbar.
Das kann man nicht machen.
Das geht doch nicht.

Solche und ähnliche Gedanken zeigen Ihnen, wo Sie die Maßstäbe anderer übernehmen.

Sagen Sie freundlich, was Sie ärgert, verletzt oder ängstigt

Bitten Sie um Hilfe, wenn Sie sie brauchen. Teilen Sie anderen Ihre Wünsche mit. Packen Sie Partner, Kinder, Eltern und Kollegen nicht in Watte. Zeigen Sie, wie Ihnen zumute ist. Geben Sie eine Schwäche geradeheraus zu: »Stimmt, ich habe heute schlechte Laune.« Sagen Sie, wenn Ihnen etwas zu viel ist. So viel selbstbewusste Offenheit mag momentan befremdlich wirken. Aber nur wenn Sie einen klaren Standpunkt vertreten, haben Sie die Chance, so erkannt und angenommen zu werden, wie Sie wirklich sind.

Für andere und anderes da sein

»Verraten Sie mir, wie Sie dahin gekommen sind, wo Sie heute sind?«, fragt die Teilnehmerin eines Kreativitätsseminars in der Kaffeepause die 44-jährige Trainerin, Mitgründerin einer kleinen Werbeagentur, die in der Region als die Nummer eins gilt. »Ich studiere Kommunikationswissenschaft und suche seit Monaten vergeblich ein passendes Praktikum.« Die Unternehmerin zögert. Soll sie die junge Frau mit der glattgebügelten Kurzform ihres Lebenslaufs beeindrucken? Oder offenbart sie etwas von den Irrungen und Wirrungen ihrer Biografie? Das brotlose

Germanistikstudium. Die zwei Jahre als Reklamationssachbearbeiterin, wo sie das Geld zum Leben damit verdiente, mit netten Briefen unzufriedene Kunden bei Laune zu halten. Die Beiträge über dies und das, die sie während der Erziehungsjahre für den Stadtanzeiger schrieb. Der Zufall, dass ein Freund sie engagierte, die Texte für seine Firmenwebsite zu entwerfen ... Eigentlich hat sie es bei ihrem Ruf nicht nötig, ihr Image zu pflegen. »Das ist eine verwickelte Geschichte. Wollen wir uns beim Mittagessen darüber unterhalten?«

Standen bis Mitte dreißig, Anfang vierzig für die meisten die eigenen Bedürfnisse, der familiäre Alltag, das Streben nach Erfolg im Vordergrund, gewinnt am Beginn der zweiten Halbzeit das Engagement für andere und anderes an Bedeutung. *Generativität* nannte der Entwicklungspsychologe Erik Erikson diese zentrale psychologische Aufgabe der mittleren Jahre (lat. generare = hervorbringen, erzeugen). Erikson meinte damit primär: Kinder zu bekommen und zu erziehen.

Inzwischen fassen Psychologen den Begriff weiter und verstehen all die Aktivitäten als generativ, die über das eigene Selbst oder sogar die eigene Lebenszeit hinausweisen. Generativ ist demnach nicht nur, wer neues Leben hervorbringt. Sondern auch, wer neue Ideen entwickelt, Wissen weitergibt, Verantwortung übernimmt, etwas schafft, was über den Tag hinaus Bestand hat: einen Garten, eine Stiftung, einen Film, ein Kunstwerk.

Generatives Verhalten erweitert den Horizont, weckt neue Energien, stärkt das Selbstbewusstsein und schützt vor depressiven Verstimmungen. Es bewahrt uns davor, ab vierzig, wenn das Leben seinen Neuheitswert zu verlieren beginnt, zu stagnieren und im eigenen Saft zu schmoren. Die amerikanischen Psychologen Dan P. Mc Adams, Holly M. Hart und Shadd Maruna behaupten sogar: Wenn es ein Rezept für psychisches Wohlbefinden im mittleren Lebensalter gäbe, dann wäre Generativität die wichtigste Zutat.

Die Möglichkeiten, generativ zu handeln, sind vielfältig: Blut spenden. Bei der Hausaufgabenhilfe mitarbeiten. Eine Firma gründen. Einen Organspendeausweis bei sich tragen. Malen. Schreiben. Fotografieren. Für einen guten Zweck spenden. Im Chor singen. Ein Ohr für Probleme haben. Zivilcourage zeigen. Traditionen pflegen. Als Mentorin fungieren. Einen neuen Mitarbeiter einarbeiten. Ein altes Möbelstück renovieren. Tagebuch schreiben. Sich politisch engagieren. Kompetenz abgeben. Für die eigenen Werte einstehen – auch wenn man sich keine Freunde damit macht. Die Solidarsysteme nicht über Gebühr in Anspruch nehmen. Die Umwelt schonen.

Generativität ist ein guter Weg, über die eigene Person, die eigene Familie hinauszuwachsen. Aber sie ist kein Ego-Trip. Und erst recht kein Freibrief dafür, dass wir unsere Hilfe, Meinungen und womöglich sogar Belehrungen dort anbieten, wo uns niemand darum gebeten hat. Unser Engagement muss dort enden, wo es andere in ihrer Entfaltung behindert. Generativ zu handeln, heißt deshalb nicht nur, dass man sich einbringt. Sondern auch, dass man sich beizeiten wieder ausklinkt.

Das emotionale Repertoire erweitern

Von Geburt an tragen Männer und Frauen Hormone und Erbanlagen in sich, die jeweils als typisch für das andere Geschlecht gelten. Aber vom Beginn der Pubertät bis Ende dreißig sorgen der Hormonhaushalt und die gesellschaftliche Realität dafür, dass Frauen vor allem die weibliche Seite ihrer Persönlichkeit ausbilden, Männer die männliche. Die meisten können sich diesen vorgegebenen Mustern nur schwer entziehen, Gleichberechtigung hin, Gender Mainstreaming her.

Wir geben uns zwar alle Mühe, traditionelle Rollenmuster aufzubrechen. Dennoch zeigt die Statistik: Spätestens nach der Geburt des ersten Kindes bleibt der Löwenanteil der Hausarbeit an den Frauen hängen, sitzen Männer nicht weniger, sondern mehr Stunden im Büro. Es hat sich eben evolutionstechnisch bewährt, wenn beide Elternteile bei Paarung, Brutpflege und Nestsicherung ihren ganz speziellen Part übernehmen. Ein halbes Leben lang sind uns deshalb die Rollen des entschlossenen Machers, der einfühlsamen Partnerin auf den Leib geschrieben – ungeachtet der Fähigkeiten, die wir sonst noch entfalten. Falls Sie das nicht glauben: Wer stellt denn in Ihrer Familie den Nachschub an Backpulver und Wollwaschmittel sicher, plant das Weihnachtsmenü, vereinbart die Termine beim Kieferorthopäden? Eben. Die Natur wirft nicht gleich jahrtausendelang bewährte Prinzipien über den Haufen, nur weil neuerdings die vom Mars wunderbar kochen und die von der Venus ziemlich taff verhandeln können.

Erst in der Lebensmitte, wenn die biologischen Aufgaben weitgehend erfüllt sind, gibt die Natur uns frei: Frauen produzieren ab vierzig weniger weibliches Östrogen, das männliche Hormon Testosteron spielt anteilsmäßig eine größere Rolle. Bei Männern sinkt mit den Jahren langsam der Testosteronspiegel ab, das Östrogen gewinnt an Bedeutung.

Zwar weisen Männer weiterhin einen mindestens zehnmal so hohen Testosteronspiegel wie Frauen auf. Trotzdem führt die hormonelle Umstrukturierung dazu, dass Männer und Frauen sich in ihrem Denken und Fühlen einander annähern. Dank der veränderten Hormonsituation fliegen uns jetzt genau die Eigenschaften des anderen Geschlechts zu, die wir in früheren Jahren oft vermisst oder uns mühsam an der Volkshochschule oder im Managerseminar antrainiert haben.

Frauen entwickeln mehr *Instrumentalität*: Sie werden mutiger, selbstbewusster und entschiedener.

Männer entwickeln mehr *Expressivität*: Sie werden sensibler, fürsorglicher und kommunikativer.

Sie handeln instrumentell, wenn Sie ...	Sie handeln expressiv, wenn Sie ...
In die eigene Altersversorgung investieren.	In Gesundheit investieren.
Etwas in die Hand nehmen.	Jemanden in den Arm nehmen.
Für die eigene Überzeugung eintreten.	Zurückhaltender auftreten.
Eine Gehaltserhöhung, ein höheres Honorar fordern.	Kooperieren statt rivalisieren.
Reden statt zuhören.	Nachdenken statt aufbrausen.
Kontakte pflegen.	Freunde treffen.
Das Handelsblatt lesen statt Rosamunde Pilcher.	Literatur lesen statt das Handelsblatt.
Das Interesse an Politik und Wirtschaft stärken.	Freude an Kunst und Natur entwickeln.

Wenn wir es nicht durch die Einnahme von Hormonen verhindern, unterstützt uns die Natur, in der zweiten Lebenshälfte das Männliche und das Weibliche in uns besser als früher auszubalancieren. Unser Denken und Fühlen gewinnt neue Facetten.

Eine ganze Frau, ein ganzer Mann werden

Allerdings müssen wir diese Entwicklung auch wollen und zulassen. Wer sich bisher fast ausschließlich über körperliche Attraktivität, die Karriere oder die Kinder definiert hat, tut sich schwer, die psychischen und hormonellen Veränderungen der Lebensmitte als Zugewinn zu begreifen. Männer fürchten, unmännlich zu wirken, wenn sie in der zweiten Halbzeit weniger Lust am Polarisieren haben. Frauen quält der Gedanke, als weniger weiblich wahrgenommen zu werden, wenn sie mehr Mut, Klugheit und Aggressivität entwickeln.

Diese Ängste sind unbegründet. Wir werden durch die hormonellen Veränderungen nicht weniger von dem, was wir sind. Wir werden mehr, vervollständigt durch das, was uns bisher noch fehlte. Wir lernen immer besser, Widersprüchliches in uns zu vereinen: rational und emotional zu sein, verständnisvoll und zugleich bestimmt, auf das eigene Wohl bedacht wie auf das der anderen.

Frauen und Männer, die ab vierzig eine ausgewogene Persönlichkeit mit starken expressiven *und* instrumentellen Anteilen entwickeln, leben intensiver, interessanter und gesünder. Nicht nur in den besten Jahren. Auch im hohen Alter.

- Die Publizistin Gail Sheehy fand heraus: Männer, die die Grenzen dessen, was als männlich gilt, überschreiten, sind offener für neue Erfahrungen und fühlen sich wohler als traditionell denkende Altersgenossen.
- Die Berliner Medizinpsychologin Beate Schultz-Zehden stellte in einer Studie über das Körpererleben in der Menopause fest: Teilnehmerinnen, bei denen sich Expressivität und Instrumentalität im Gleichgewicht befanden, besaßen ein höheres Selbstwertgefühl und spürten kaum Wechseljahrsbeschwerden.
- Die Altersforscherin Pasqualina Perrig-Chiello wies nach: Frauen, die ihr Leben in den besten Jahren aktiv gestalteten und eigene Ziele verfolgten, waren mit 75 erheblich gesünder, gelassener und selbstbewusster als Frauen, die ein ganzes Leben lang einseitig an weiblichen Verhaltensmustern festgehalten hatten.

Operation Schönheit
Über Falten, Fitness und Facelifts

»Frau Königin, Ihr seid die Schönste hier, aber Schneewittchen ist tausend Mal schöner als Ihr.« Als kleines Mädchen erschien sie mir als Inbegriff des Bösen, die gemeine, eitle, alte Königin, die dem unschuldigen Schneewittchen seine blühende Frische missgönnte. Inzwischen weckt das Märchen andere Assoziationen. Seit ich fürs gute Aussehen Concealer unter den Augen und Farbe im Haar brauche, empfinde ich durchaus Sympathie mit der Königin, die sich, alles andere als alt, von einem jungen Ding im bauchfreien Top in den Schatten gestellt sieht.

Mittendrin im Leben treibt uns ein seltsamer Zwiespalt um:

Einerseits war es nie schöner als heute, über vierzig zu sein. Denn wenn man uns so sieht, gut gestylt und, sofern wir ausreichend geschlafen haben, sprühend vor Energie, dann scheint es, als hätte unsere Generation geschafft, was der Volksmund behauptet: Schönheit ist keine Frage des Alters.

Andererseits sind wir von zu vielen durchgestylten Nachwuchs-Beauties und digital perfektionierten Berufsschönen umgeben, um uns der Erkenntnis entziehen zu können: Wir halten uns zwar um Längen besser als die Vorgängergenerationen im gleichen Alter. Aber dafür müssen wir auch erheblich höheren ästhetischen Anforderungen genügen, um beruflich am Ball und in der Liebe im Spiel zu bleiben. In der auf Jugend getrimmten Gesellschaft sind schlaffe Lider ebenso wenig drin wie ein abgesackter Hintern. Selbst Kukident wirbt mit Models, die aussehen, als seien sie keinen Tag älter als vierzig.

Deshalb sind wir mit dem Thema Schönheit keineswegs durch. Im Gegenteil: Es beschäftigt uns mehr denn je.

Die ungeschminkten Tatsachen

Machen wir uns nichts vor: Den körperlichen Höhepunkt des Lebens erreichen wir mit Anfang zwanzig. Danach geht's biologisch bergab, bei den einen schneller, bei den anderen langsamer. Spätestens ab 30 entdecken wir dezente Zeichen der Zeit: kleine Falten, mehr Fett, weniger Muskeln, weniger Energie. Laut *Brigitte* interessieren sich schon 60 Prozent der Frauen dieser Altersgruppe für das Thema Anti-Aging.

Dabei geht das Alter vorerst noch gnädig mit uns um: Bis Anfang, Mitte vierzig arbeitet der Körper einigermaßen störungsarm. Danach ist der Arterhalt gesichert, für die Evolution gibt es keinen Grund mehr, uns jung, schön und leistungsfähig zu erhalten. Spätestens mit Mitte vierzig müssen wir deshalb erkennen: Wir sehen älter als früher aus. Nicht unbedingt schlechter. Aber definitiv weniger glatt und frisch. Schuld daran sind hauptsächlich Hormone und freie Radikale.

Der Jungbrunnen versiegt

Hormone gelten als die Boten des Lebens. Sie sind unverzichtbar für körperliche Fitness, ein starkes Immunsystem und für die Zellerneuerung, also für alles, was Jugend ausmacht. Ab 25 nimmt die Hormonproduktion zunächst langsam, ab 45 zusehends schneller ab: Midagers produzieren deutlich weniger Geschlechtshormone, Melatonin, DHEA und Wachstumshormon als Jüngere. Die Folgen sind bekannt: Die Haut wird dünner, die Muskeln schlaffer, der Bauch rundlicher, die Laune schlechter. Immerhin: Mit Sport, ausreichend Schlaf und gesunder Ernährung lässt sich die Hormonproduktion auf natürliche Weise ankurbeln. So groß ist der Einfluss der Hormone auf Schönheit und Ausstrahlung, dass uns der Hormonstatus anscheinend ins Gesicht geschrieben steht:

In einer Untersuchung der Universität Erlangen sollten unabhängige Beobachter das Alter von hundert Frauen zwischen 35 und 55 Jahren schätzen. Das Ergebnis: Je höher der Östrogenspiegel, desto jünger wurden die Probandinnen geschätzt. Wies der Hormonspiegel eher unterdurchschnittliche Werte auf, wirkten die Frauen dagegen bis zu acht Jahre älter, als sie wirklich waren.

Eine ähnliche Studie veröffentlichte die medizinische Fachzeitschrift *Lancet*. Diesmal sollten Frauen die Attraktivität von Männern bewerten. Das Ergebnis: Allen Teilnehmerinnen gefielen die Männer besser, bei denen ein hoher Testosteronspiegel gemessen worden war. Ein hoher Testosteronspiegel schlägt sich unter anderem in markanteren Zügen und einer sonoren Stimme nieder.

Die Altmacher nehmen überhand

Während die jung machenden Hormone mit den Jahren versiegen, sind unsere Zellen und Erbsubstanzen ab vierzig verstärkt dem Angriff freier Radikale ausgesetzt. Ungefähr zehntausend Mal wird jede Zelle täglich davon attackiert. Radikalfangende Enzyme versetzen den Körper zwar in die Lage, die aggressiven Moleküle zu bekämpfen und beschädigte Zellen zu reparieren. Diese Fähigkeit lässt jedoch mit zunehmendem Alter nach. Frühzeitige Alterserscheinungen sind die Folge.

»Alle Frauen, die behaupten, es störe sie nicht,
dass sie älter werden, lügen.«
CATHERINE DENEUVE

Glücklicherweise brauchen wir unserem Verfall nicht ganz tatenlos zuzusehen. Einen Teil der freien Radikale handeln wir uns nämlich mit dem Lebensstil ein. Wenn wir rauchen, in der

Sonne liegen, Stress haben, Grappa trinken oder industriegefertigte Nahrungsmittel zu uns nehmen, produzieren wir zusätzliche Altmacher. Ob und wie oft man sich das antun möchte, muss jeder selber wissen.

Darüber hinaus können wir zum Schutz gegen freie Radikale mit der Nahrung Antioxidantien zuführen: Abfangjäger, die freie Radikale an sich binden und unschädlich machen. Zu den Antioxidantien zählen die Vitamine A, C, E und Beta-Carotin, die Mineralstoffe Selen, Kupfer und Zink, natürliche Flavonoide und das Coenzym Q10. Wer sich ausgewogen ernährt, nimmt normalerweise genügend Radikalfänger zu sich. Bevorzugen Sie rote, gelbe, orangefarbene und dunkelgrüne Obst- und Gemüsesorten. Körner, Nüsse, Getreide, Sojaprodukte, Tee und sogar Rotwein oder dunkle Schokolade sind ebenfalls gute Quellen. Ein Tipp: Zwei Tassen grüner Tee enthalten genauso viele Antioxidantien wie vier Äpfel.

Schönheit zahlt sich aus

Wirklich einverstanden waren wir mit unserem Körper nie: die Haut zu ölig, die Nase zu groß, die Haare zu kraus, die Waden zu sportlich, der Wartungsaufwand enorm. Ein halbes Leben lang haben Fortysomethings, jedenfalls die Frauen unter ihnen, geföhnt und getönt, gezupft und gewachst, gecremt und gefastet, um schön, begehrenswert und attraktiv zu sein.

Aber der Kampf ums gute Aussehen ist schon lange nicht mehr dem »schönen Geschlecht« vorbehalten. Auch Männer investieren mit den Jahren immer mehr Zeit und Geld in Vitaminkombinationen, Farbe fürs Haar und den Workout für den Riffelbauch. Waren Anfang der 70er Jahre noch gut 80 Prozent der Männer mit ihrem Aussehen zufrieden, sind es heute gerade mal noch die Hälfte. Bereits ein Drittel aller Schönheitsoperationen werden an Männern vorgenommen, 45 Prozent davon an der

Gruppe der Fortysomethings. Ganz oben auf der Wunschliste stehen Fett absaugen und Tränensäcke entfernen.

Der Tanz um die Schönheit hat seinen Grund: In der Inszenierungs- und Erlebnisgesellschaft stellt körperliche Attraktivität ein Kapital dar, das über Image, Chancen und berufliches Überleben mitentscheidet. Ursache dafür ist das so genannte *Attraktivitätsstereotyp*, der Nimbus, den wir den Schönen, Fitten und Jungen zuschreiben.

Eine Fülle von Untersuchungen beweist: Ästhetisch anzusehende Menschen gelten als glücklicher, einfühlsamer, interessanter, flexibler, freundlicher und ausgeglichener als unscheinbare. Im Job zahlt sich diese subjektive Einschätzung in barer Münze aus: Männer, die gut aussehen, verdienen durchschnittlich 15 Prozent und Frauen 11 Prozent mehr als vergleichbar qualifizierte, aber weniger hübsche Konkurrenten. Nur in der Renaissance, so der britische Professor und Schönheitsexperte Arthur Marwick, war äußere Attraktivität für den persönlichen Erfolg so wichtig wie heute.

Wer das stilistische Anforderungsprofil nicht erfüllt, wer zu dick ist, zu klein, zu unscheinbar, zu wenig gestylt, zu *alt*, bekommt weniger Aufmerksamkeit, weniger Anerkennung, weniger Geld. Das ist oberflächlich, natürlich. Aber überall dort, wo der erste Eindruck zählt, ist das Erscheinungsbild das Entree. Von der Außenwirkung hängt es ab, ob die anderen sich überhaupt mit den inneren Werten befassen.

Der Verlust der jugendlichen Schönheit verletzt deshalb nicht nur das ästhetische Empfinden. Mit der glatten Haut und der straffen Figur geht auch der freie Zugang zum Reich der Erfolgreichen, Gefragten und Begehrten verloren. Davon ausgenommen sind nur Spitzenpolitiker und Topmanager: Sie müssen nicht ansehnlich sein, sondern vor allem betont männlich rüberkommen. Das gilt übrigens auch für Frauen, die in die oberste Liga von Politik und Wirtschaft aufsteigen wollen.

Alles ist machbar

Schönheit ist kein Lebensinhalt, sondern ein Geschenk. Gesundheit ist wichtiger als Schönheit. Wahre Schönheit kommt von innen. Ja, ja, ja. Trotzdem macht es wenig Spaß, zuzusehen, wie der eigene Körper schleichend abbaut. Festzustellen, dass die Außenansicht nicht mehr automatisch das Innenleben widerspiegelt. Zu wissen, dass die steile Falte zwischen den Augenbrauen, die weit gewordene Haut an den Fingern und die Ringe unter den schnell angestrengten Augen nie mehr verschwinden werden.

Selbst wer bislang auf Feuchtigkeit aus der blauen Dose und einen Hauch Wimperntusche im natürlich gebräunten Gesicht vertraute, beginnt sich ab vierzig zu fragen, ob nicht doch etwas dran ist an den Heilsversprechen von Kosmetikindustrie, Schönheitskliniken, Sportbuch-Autoren und Wellness-Hotels: Get fit. Stop Aging. Visibly young.

Schönheit ist machbar, und wer nicht mitmacht, ist selber schuld, suggerieren Werbung, Medien und die Gynäkologin, die sich neuerdings auf Anti-Aging spezialisiert. Mittel, die Uhr zurückzudrehen, gibt es schließlich genug: Klinisch getestete Anti-Age-Produkte für Gesicht, Hals und Hände. Kaviar-Extrakte, Phytohormone und Neroli-Essenz. Power-Yoga und Bauch-Beine-Po-Gymnastik. Lymphdrainage und Meditation. Augenlidkorrektur, Stirnstraffung und Fettabsaugung. Ab vierzig aufwärts scheint Schönheit nicht mehr primär eine Frage der Gene zu sein. Sondern das Ergebnis von Geld und Zeit, Leidensbereitschaft und Lebensweise.

Schönheit hat ihren Preis

Die Jahresmitgliedschaft in einem mittelguten Fitness-Studio kostet um die 400 Euro. Eine Gesichtsbehandlung bei der Kosmetikerin schlägt mit 60 Euro zu Buche. Die Anti-Falten-Nachtcreme von Nivea mit Q 10PLUS ist für 14 Euro zu haben. Für die Formel 1 unter den Anti-Aging-Produkten, Sensai EX La Crème von Kanebo, sind 470 Euro zu investieren. Laut *Vogue* geht der goldfarbene Tiegel in Deutschland über 4500 Mal jährlich über den Ladentisch. Eine chinesische Meridian-Massage zur Linderung von Verspannungen gibt's für 55 Euro, eine Algenpackung zur Straffung der Haut für 45 Euro. Der Preis für eine Botox-Injektion liegt bei 400 Euro, Wirkdauer circa sechs Monate. In eine Gesichtsunterspritzung mit Eigenfett müssen Sie um die 1000 Euro investieren. Dafür hält die Auffüllung dann auch einige Jahre an.

Schönheit kann ganz schön ins Geld gehen. Lassen Sie sich davon nicht entmutigen. Das Wichtigste fürs gute Aussehen ist ein bewusster Lebensstil: Nicht zu rauchen, vernünftig zu essen und wenig Alkohol zu trinken kostet zwar Disziplin, aber kein Geld. Solche preiswerten Schönmacher gibt es viele:

- Vermeiden Sie Übergewicht. Wichtig: Ab vierzig braucht der Körper weniger Kalorien als früher.
- Bringen Sie Bewegung in den Alltag: Radfahren, Inline-Skaten, Laufen, Nordic Walking, Wandern oder Hanteltraining bewirkt viel und kostet wenig.
- Trinken Sie täglich mindestens zwei Liter Wasser oder Kräutertee. Die Regel kennen viele. Das Plansoll schaffen wenige.
- Schlafen Sie täglich zwischen 7 und 8 Stunden: In dieser Zeit versucht die Haut, all die Schäden zu beheben, die sie tagsüber durch UV-Licht, Abgase, Stress oder Rauch erlitten hat.
- Verzichten Sie zwei, oder dreimal in der Woche auf das Abendessen. »Dinner Cancelling« – kein Essen nach 17 Uhr – gehört zu den Zauberworten der Verjüngungsforschung. Durch das abendliche Fasten schläft man besser. Die Folge: Der Körper kann sich besser regenerieren, die nächtliche Produktion von Melatonin und Wachstumshormon wird angeregt.
- Legen Sie sich möglichst selten in die Sonne, gehen Sie nicht ins Solarium.

- Erlernen Sie eine Entspannungstechnik.
- Gönnen Sie sich ein Verwöhnbad zu Hause: mit Teelichtern, entspannender Musik, frisch gepresstem Saft und vorgewärmtem Bademantel.
- Pflegen Sie Gesicht, Hals und Dekolleté zum Beispiel mit Florena Face Care Q10-Antifaltencreme. Laut Stiftung Warentest wirkt die Creme für 7 Euro (test-Qualitätsurteil GUT) in Sachen Hautglättung ähnlich gut wie ein circa zehnmal so teures Produkt von Helena Rubinstein.

Messbar schöner heißt nicht sichtbar schöner

Sie gelten als neue Generation von Aktivkomplexen gegen die Hautalterung. Sie festigen intensiv und liften nachweisbar. Sie versprechen Minderung selbst ausgeprägter Falten in nur einem Monat. Sie heißen Supra Sérum Haute Exigence oder Age Fitness Nuit oder Crème Restructurante Anti-Rides, und ich würde nur zu gern an ihre Wunderwirkung glauben. Aber bisher hat keine noch so teure Anti-Aging-Pflege die Falten weggezaubert, die man beim besten Willen nicht mehr als Fältchen bezeichnen kann. Das Einzige, was dank der edlen Tiegel sichtbar schöner wurde, war mein Badezimmer.

Tests der Stiftung Warentest bestätigen den subjektiven Eindruck: Anti-Aging-Cremes sind zwar eine gute Pflege für Gesicht und Hals. Aber sie halten nicht, was die Werbung suggeriert. Selbst die Testsieger von Eucerin, Helena Rubinstein und Nivea Vital straffen die Haut nur um Bruchteile von Millimetern. Dieser Effekt ist allerdings so gering, dass er dem Auge verborgen bleibt. Er kann höchstens mit Computer und Mikroskop gemessen werden.

Experten sehen deshalb den Sinn einer Anti-Falten-Creme allenfalls in der vorbeugenden Wirkung: Wirkstoffe wie Coenzym Q10 oder Retinol schützen die Haut vor freien Radikalen und können das Altern der Haut ein wenig verzögern. Die teuren Produkte erzielen also hauptsächlich einen Placebo-Effekt: Sie nähren Illusionen und stärken das Selbstwertgefühl. Jede dritte Frau fühlte sich im Test verjüngt, wenn sie ein Anti-Aging-Produkt benutzte – oder zu benutzen glaubte.

Schönheit kostet Zeit

Nach einer Studie des Kosmetikherstellers Clinique braucht die durchschnittliche Amerikanerin für das morgendliche Schminken etwas mehr als eine Viertelstunde, für die Gesichtspflege am Abend gut zehn Minuten. Mit den Jahren nimmt der Aufwand zu: Die Augencreme, der Concealer, die Feuchtigkeitsmaske, das Zupfen unmotiviert wachsender Haare, die Behandlung der Pickel, die ab vierzig wieder sprießen wie zuletzt mit 13, ziehen das Pflegeprogramm in die Länge.

Wollte man zusätzlich auch nur einen Bruchteil der Pflegetipps und Anti-Aging-Tricks umsetzen, bliebe das wahre Leben auf der Strecke. Mühelos könnten wir unsere Wachstunden mit Hormonanalyse und Haarefärben, Muskeltraining und Meditieren, Gesichtsgymnastik und Ganzkörpermassage füllen. Nicht erst mit 60 plus. Wer lange schön sein will, darin sind sich die Anti-Aging-Experten einig, muss beizeiten anfangen, dem Körper Gutes zu tun.

Glücklicherweise lässt sich zumindest manches nebenbei erledigen, was schön macht und entspannt: Das Abendessen ausfallen lassen. Kraft- oder Ausdauertraining beim Fernsehen oder Musik hören. Radeln ins Büro, zum Einkaufen, in den Biergarten. Minutentrainings wie Treppensteigen oder Hinter-dem-Bus-Herspurten. Sex. Lachen – bringt angeblich so viel wie eine halbe Stunde Entspannungsübungen. Nicht zu vergessen die Basics: Keine Zigaretten. Kein Solarium. Wenig Alkohol.

Weggespritzt und abgeschliffen

Bewegung, mediterrane Küche, Gesichtspflege, Entspannung und konsequenter Sonnenschutz bewirken viel. Aber makellose Schönheit und lebenslange Jugendlichkeit sichert auch ein bewusster Lifestyle nicht. Wer sich ab vierzig ein glattes, ebenmäßiges Hautbild wünscht, muss es mit Schleifen, Ätzen oder Unterspritzen erzwingen. Ein Teil dieser Behandlungen lässt sich ohne Skalpell und Betäubung zwischen zwei Terminen durchführen. Deshalb erweisen sich die nicht-invasiven Techniken der Hautverjüngung für viele als Einstiegsdroge. Der Vorteil gegenüber veritablen Schönheits-OPs: Verläuft die Behandlung ohne Komplikationen, sehen Sie danach nicht anders, sondern einfach eine Spur jünger und frischer aus. Hier sind die gängigsten Verfahren.

Botox-Injektion Botulinumtoxin A, kurz Botox genannt, blockiert die Muskelkontraktionen, die Mimikfalten verursachen. Der hochgiftige Wirkstoff wird in winzigster Konzentration in die Muskulatur gespritzt. Nach einigen Tagen beginnt der Muskel, seine Kraft zu verlieren, die Falten lösen sich. In den USA sind Botox-Spritzen einsamer Spitzenreiter bei den nicht-chirurgischen Eingriffen. Gegenüber 1997 verzeichneten sie eine Zunahme um unglaubliche 2400 Prozent. *Wirkung:* Vor allem zur Behandlung von Falten an Stirn, Augen und Nasenwurzel. Tiefe Falten müssen zusätzlich aufgepolstert werden, zum Beispiel mit Kollagen oder Hyaluronsäure. *Haltbarkeit:* 3 bis 6 Monate. Die Behandlung kann jederzeit wiederholt werden. *Minus:* Die Mimik ist wegen der Schwächung der Muskeln in jedem Fall eingeschränkt. In seltenen Fällen lähmt der Wirkstoff andere Muskeln mit, so dass die Augenbrauen oder Augenlider etwas absinken. Hauptnachteil: Bis jetzt ist nicht klar, wie sich Botox langfristig auf den Organismus auswirkt. *Positiver Nebeneffekt:* Nach und nach »verlernen« die Muskeln zu kontrahieren, so dass nach einiger Zeit nicht mehr nachgespritzt werden muss. Manchmal werden durch Botox auch Migräne-Kopfschmerzen gelindert.

Kollagen, Artecoll® Kollagenfasern sind ein wichtiger Bestandteil der Haut. Verlieren sie ihre jugendliche Elastizität, entstehen Falten, die Haut wirkt weniger prall und straff. Zum Auffüllen dient Kollagen aus Rinderhaut, das der Arzt mit einer feinen Spritze unter die zu korrigierenden Hautstellen spritzt. *Wirkung:* Gleicht Mimikfalten aus, zum Beispiel Zornesfalten auf der Stirn, Kräuselfältchen am Mund, Naso-Labial-Falten, aber auch tiefer liegende Narben. *Haltbarkeit:* 4 bis 6 Monate. Bleibenden Erfolg versprechen Implantate mit künstlichem Kollagen, zum Beispiel Artecoll®. *Minus:* Vor der Behandlung empfiehlt sich ein Allergietest. Bei der Behandlung mit Artecoll bilden sich in seltenen Fällen Granulome.

Hyaluronsäure ist wie Kollagen eine körpereigene Substanz. Sie bindet Wasser und füllt die Räume zwischen den Kollagenfasern. Mit den Jahren nimmt die Produktion von Hyaluronsäure ab. Hyaluronsäure wird wie Kollagen gespritzt, allergische Reaktionen sind nicht bekannt. *Wirkung:* Glättet Stirnfalten und Falten um Mund und Augen. *Haltbarkeit:* etwa 6 Monate. Die Behandlung kann beliebig oft wiederholt werden. Dauerhaften Erfolg verspricht synthetisch hergestellte Hyaluronsäure, Dermalive®. Allerdings lassen sich die kleinen, in einer Flüssigkeit schwimmenden Teilchen bei Unverträglichkeit nur schwer wieder entfernen.

Chemische Peelings bestehen aus reizenden Substanzen wie Glycolsäure oder Trichloressigsäure. Sie werden verdünnt auf die Haut aufgetragen und lösen die oberste und zum Teil auch darunterliegende Hautschichten ab. Dadurch werden die Zellen angeregt, neue, glattere Haut zu bilden. *Wirkung:* Peelings helfen gegen grobporige Haut, Mitesser, feine Fältchen, Sonnenschäden, Altersflecken und unter Umständen auch gegen kleine Narben. *Minus*: Nach der Behandlung sind Hautentzündungen und Wundinfektionen möglich. Um Pigmentstörungen und Vernarbungen zu vermeiden, darf die Haut mehrere Monate lang nicht der Sonne ausgesetzt werden.

Dermabrasio Die oberste Hautschicht wird unter örtlicher Betäubung mit einer hochtourigen Diamantscheibe abgeschliffen oder mit einer Art Sandstrahl aus Salzkristallen entfernt. Junge, glatte Haut wächst nach. *Wirkung:* Akne- und Pockennarben, kleine Falten und Pigmentflecke verschwinden. *Haltbarkeit:* 2 bis 3 Jahre. *Minus:* Die Haut ist nach der Behandlung stark gerötet und darf mehrere Monate lang nicht der Sonne ausgesetzt werden. Bei zu tiefem Schliff sind Narben oder Infektionen möglich.

Laser Resurfacing Beim Laser Skin Resurfacing mit dem ultragepulsten Kohlendioxid-Laser wird die oberste Haut Schicht für Schicht abgetragen. Gleichzeitig entsteht ein so genannter Shrinking-Effekt, der das für die Elastizität der Haut verantwortliche Kollagen aktiviert. Die Laserbehandlung hinterlässt eine Art Schürfwunde auf der Haut. Schorf bildet sich und fällt nach vier bis sieben Tagen ab. Darunter kommt neue, frische Haut zum Vorschein. *Wirkung:* Entfernt feine Falten um den Mund, Krähenfüße, Pigmentflecken, Narben und Tätowierungen. *Haltbarkeit:* 3 bis 5 Jahre. *Minus:* Die behandelten Stellen sind nach der Behandlung wund und anfällig für Infektionen. In den Folgemonaten dürfen Sie nicht in die Sonne oder ins Solarium gehen und auch keine selbstbräunenden Sonnencremes verwenden.

Wer schön sein will, muss leiden

Die so genannten sanften Eingriffe zur Hautverjüngung sind nicht ganz ohne. Aber wenn man sich einem Hautarzt oder Neurologen anvertraut und die Empfehlungen zur Nachsorge sorgfältig befolgt, bleibt das Risiko überschaubar. Allerdings sind die nicht-invasiven Behandlungen nur begrenzt wirksam. Das Gesicht wirkt eine Zeitlang jünger, glatter und erholter. Gegen die Gesetze der Schwerkraft und die Folgen des altersbedingten Muskelabbaus können Laser und Spritzen dagegen wenig ausrichten. Wer sich das wohlgeformte Oval des Gesichts, den straferen Busen oder die schlankeren Oberschenkel der jüngeren Jahre zurückwünscht, muss bluten. Auch finanziell. Eine Umfrage des Marktforschungsinstituts Forsa für die Zeitschrift *Journal für die Frau* ergab: 74 Prozent der 30- bis 44-jährigen Frauen und 60 Prozent der 45- bis 59-Jährigen sind dazu bereit.

Fettabsaugen (Liposuction) Überflüssiges Fett an Problemzonen wie Oberschenkeln, Bauch, Kinn und Hals, Knie und Fesseln und bei Männern an der Brust wird abgesaugt. Mit dem als besonders schonend geltenden Tumeszenz-Verfahren (lat. *tumescere* anschwellen) werden mehrere Liter Kochsalzlösung mit einem Lokalanästhetikum und einem gefäßverengenden Mittel versetzt und in die zu behandelnden Areale geleitet. Das Fettgewebe weicht auf und wird durch vibrierende Mikro-Kanülen abgesaugt. Nach dem Eingriff müssen die Patienten für einige Wochen ein Kompressionsmieder tragen, so dass sich die Haut den neuen Körperkonturen anpassen kann. *Wirkung:* Die Liposuction formt den Körper, ist aber keine Methode, das Gewicht zu reduzieren. Das Ergebnis ist umso vorteilhafter, je mehr überflüssige Pfunde vorher auf klassischem Wege abgenommen wurden. *Minus:* Die Liposuction ist ein größerer operativer Eingriff. Thrombosen, Embolien, Infektionen und Blutungen sind daher nicht ausgeschlossen. Wurde das Fett nicht gleichmäßig abgesaugt, können sich Dellen bilden.

Lidstraffung Die nachlassende Spannkraft der Haut zeigt sich besonders stark an der Augenpartie. Durch eine Lidkorrektur am Ober- und/oder Unterlid werden unter örtlicher Betäubung, im Dämmerschlaf oder unter Vollnarkose überschüssige Haut-, Muskel- und Fettanteile entfernt. *Wirkung:* Die Augenpartie wirkt wieder straff, die frische Ausstrahlung kehrt zurück. *Minus:* Komplikationen treten selten auf, sind aber wie bei jeder Operation möglich.

> *»Ich lebe in New York. Der Stadt, wo alles erlaubt ist. Sogar eine 45-jährige Frau ohne Lippenstift auf der Straße.«*
> HOLLY HUNTER

Facelift Sieht man von den Händen ab, geben Kinn, Hals und Augen am meisten Aufschluss über das Alter. Manchmal hilft deshalb schon ein Lifting in nur einem dieser Bereiche, ein so genannter Mini-Facelift. Der Regelfall ist jedoch ein Facelifting, das Schläfen, Wangen und Hals umfasst. Dabei werden feine Schnitte im Bereich der Haare und der Ohrmuschel angesetzt, die nach der Verheilung nur noch mikroskopisch erkennbar sind. Beim klassischen doppelschichtigen Facelift werden obere Hautschicht und Unterhautgewebe voneinander gelöst, jeweils einzeln gestrafft, mit einem Spezialmittel geklebt und schließlich vernäht. Der Eingriff wird häufig mit kleinen Fettabsaugungen und einer Lidstraffung kombiniert. Beim Stirnlifting werden endoskopische Techniken eingesetzt, um die Narbenlänge zu minimieren. *Wirkung:* Ein gelungenes Facelifting bewirkt eine optische Verjüngung von etwa zehn Jahren. *Minus:* Typische Folgeerscheinungen sind Spannungsgefühle, Schwellungen, Blutergüsse oder Taubheitsgefühle, die innerhalb von zwei bis drei Wochen abklingen. Das endgültige Resultat zeigt sich manchmal erst nach einigen Monaten. Eine Typveränderung ist nicht auszuschließen.

Bruststraffung Mit den Jahren lässt die Bindegewebsqualität nach. Zusätzlich können an der Brust Volumenschwankungen auftreten, die zu einem Rückgang von Drüsen- und Fettgewebe führen, so dass der Hautmantel zu groß wird. Bei der Bruststraffung wird in einer etwa zweistündigen Operation die überschüssige Haut entfernt und die Brustwarze wieder hoch angesetzt. *Minus:* Die Qualität der Narbenbildung ist genetisch bedingt und daher nicht vorhersagbar. *Hinweis:* Vor der Operation empfiehlt sich eine Mammographie und eine Ultraschalluntersuchung, um eventuelle Gewebeveränderungen auszuschließen.

Haartransplantation Die androgenetische Alopezie ist die häufigste Form des Haarausfalls bei Männern. Sie macht sich oft schon kurz nach der Pubertät mit der Ausbildung von Geheimratsecken bemerkbar. Später lichten sich dann die Haare am Hinterkopf. Nur der Haarkranz bleibt meistens erhalten. Das liegt vermutlich daran, dass die Haare dort genetisch anders programmiert sind. Diesen Umstand macht sich die Eigenhaar-Transplantation zunutze: Am Haarkranz, wo die Haare meistens noch ziemlich dicht sind, wird ein Streifen Haut samt Haar und Haarwurzeln entnommen. Der Haarstreifen wird in Abschnitte mit 1 bis 5 Haaren zerteilt. In die kahle Partie am Vorderkopf werden kleine Schlitze gestanzt, in die die Haarbüschel mit einer Pinzette implantiert werden. Die versetzten Haarwurzeln wachsen in der Regel problemlos an. *Wirkung:* Der Haarbereich, dem die Transplantate entnommen wurden, wächst wieder zu. Die entnommenen Transplantate bleiben normalerweise ein Leben lang erhalten.

Das sollten Sie vor einer Schönheits-OP beachten

- Machen Sie sich klar: Selbst beim kleinsten Eingriff sind Komplikationen möglich. Entschließen Sie sich deshalb nicht überstürzt zu einer Operation.
- Lassen Sie sich nicht vom Aussehen geliftteter Schauspielerinnen und Nachrichtensprecher blenden. Was auf der Leinwand gut wirkt, sieht beim direkten Kontakt oft maskenhaft aus.

- Informieren Sie sich eingehend. Geben Sie nichts darauf, dass Sie den Namen eines Arztes oder einer Klinik schon häufiger gehört oder gelesen haben. Dass jemand gute PR macht, muss nicht bedeuten, dass er auch gut operiert.
- Konsultieren Sie mindestens zwei verschiedene Ärzte/Kliniken zum Vergleich. Ein Hinweis: Die Titel Schönheitschirurg, Kosmetischer Chirurg oder Ästhetischer Chirurg sind nicht geschützt. Deshalb wenden Sie sich am besten an einen Facharzt für plastische Chirurgie. Die plastische Chirurgie ist eine anerkannte Fachausbildung mit einer Weiterbildungszeit von mindestens sechs Jahren. Adressen seriöser Chirurgen erhalten Sie bei der Vereinigung der deutschen plastischen Chirurgen.
- Informieren Sie sich über Ausbildung und Erfahrung des ausgewählten Arztes. Fragen Sie, wie oft er die geplante Operation im Jahr durchführt.
- Lassen Sie sich beim Vorgespräch Vorher- und Nachher-Fotos zeigen. Fragen Sie nach Risiken, Komplikationen und Misserfolgen. Informieren Sie sich, ob die Klinik für den Notfall gerüstet ist und über eine Intensiveinheit verfügt. Bitten Sie um Referenzadressen bereits operierter Personen.

Schönheit als Lebensstil

Ich gehöre zu der Generation, die es ohne Haargel, Nabelpiercing, Wonderbra und den Venus-Rasierer von Gilette ins Erwachsenenalter schaffte. In den stilprägenden Jahren waren Schönheit und Natürlichkeit für mich deshalb synonym. Heute bin ich für unauffällige Schönheitskorrekturen selbstverständlich aufgeschlossen. Aber die Haltung von damals wirkt nach: Es widerstrebt mir, im größeren Stil an mir herumreparieren zu lassen, nur weil mein Gesicht Geschichte hat.

Mit Mitte vierzig sagt sich das so leicht. Deshalb will ich nicht ausschließen, doch irgendwann die eine oder andere Falte auffüllen zu lassen. Aber größere Eingriffe, nur um der Jugendlichkeit willen, lehne ich für mich ab. Die Operationstechniken wurden zwar in den letzten Jahren enorm verfeinert. Trotzdem wäre mir die Gefahr zu groß, mich im Dämmerschlaf der Schnittfertigkeit und dem ästhetischen Empfinden eines mir fast fremden Chirurgen zu überlassen. Ich hätte Angst, dass die neue glatte Fassade nicht mehr zum unverjüngten Rest meines Körpers passen könnte. Und ich würde auf keinen Fall riskieren wollen, auszusehen, als hätte ich nie geliebt, gedacht, gelacht und geheult.

Aus diesem Grund steht für mich fest: Wie Anti-Aging-Cremes und Wellness-Wochenenden taugt die Schönheitschirurgie als Jungbrunnen nur sehr bedingt. Wer ein Leben lang gut aussehen will, muss vor allem gut mit sich umgehen.

Fünf Basics für die Schönheit

Die grundlegenden Regeln des Jungbleibens sind längst bekannt, wir müssten sie nur umsetzen: mehr Sport machen, weniger und gesünder essen, Stress abbauen, mit dem Rauchen aufhören. Gern hören wir das nicht. Sich unters Messer zu legen oder auf die Massagebank, Vitaminkapseln zu schlucken oder drei Tage Heilfasten zu buchen, erfordert weniger Aufwand, als langfristig den Lebensstil zu ändern.

Fangen Sie mit kleinen Schritten an

Wellness-Kultur im Alltag heißt nicht, dass Sie künftig auf alles verzichten sollen, was Spaß macht und gut schmeckt. Gutes Aussehen ist die Summe vieler kleiner Entscheidungen: Den Cappuccino ohne Zucker zu trinken. (Fast) nie mehr Rolltreppe und Lift zu fahren. Lieber mal einen großen Salat zu essen statt Spaghetti carbonara. Am Pool ein langärmeliges Leinenhemd über dem Badeanzug zu tragen. Den PC am Wochenende höchstens ausnahmsweise einzuschalten. Den Obst- und Gemüseverzehr zu steigern, bis, im Idealfall, täglich 600 Gramm beisammen sind. Solche winzigen Veränderungen machen eher Spaß als Stress. Aber im Lauf der Jahre addieren sie sich zu einem maßgeschneiderten Schönheitsprogramm.

Raus aus der Sonne

UV-A-Licht dringt tief in die Haut ein. Es zerstört dort Elastin- und Kollagenfasern, also die Substanzen, die die Haut elastisch halten. 60 bis 80 Prozent der Hautalterung werden auf diese Weise verursacht. Die Folge: Die Hautstruktur verändert sich, die Haut wird ledern, faltig und fleckig. Den Unterschied merken Sie, wenn Sie die Haut im Gesicht und am Dekolleté mit der am Unterarm vergleichen. Dabei spiegelt die der Sonne ausgesetzte Haut die UV-Schäden der letzten 15 Jahre noch gar nicht wider. Gehen Sie deshalb dem UV-Licht so gut wie möglich aus dem Weg: Verzichten Sie auf Sonnenbäder, tragen Sie auch an bedeckten Tagen eine Sonnencreme mit einem hohen Lichtschutzfaktor auf, machen Sie erst am späten Nachmittag Sport im Freien.

Feuchtigkeit, Feuchtigkeit, Feuchtigkeit

Fehlt dem Körper Wasser, werden die Wasserdepots der Haut im Vergleich zu anderen Flüssigkeitsspeichern des Körpers ganz besonders stark entleert. Die Folge: Die Haut trocknet aus, wird rau, schuppig und rissig und verliert an Spannung. Genügend Feuchtigkeit von innen lässt sie dagegen rosig und elastisch erscheinen. Wenn es Ihnen schwer fällt, ohne Durst zu trinken, sollten Sie immer eine Flasche Wasser in der Nähe haben.

Kommen Sie auf Trab

Ein halbes Leben lang hieß meine Devise: *No sports*. Mit Ende dreißig machte mir mein Körper klar, dass ich mich entscheiden muss: Entweder ich bewege mich oder ich gerate trotz Kleidergröße 36 aus der Form. Was mit einer Schnuppermitgliedschaft im Fitness-Studio anfing, ist zu einem selbstverständlichen Teil meines Alltags geworden. Das liegt vor allem daran, dass das Training an Pulley und Leg Press im Gegensatz zu vielen Anti-Aging-Produkten sichtbare Erfolge bringt: Zum ersten Mal im Leben habe ich richtige Muskeln. Mein Bauch ist flacher geworden, mein Rücken stärker, meine Einstellung positiver: Ich bin immer noch nicht sonderlich sportlich. Aber ich habe Freude daran gefunden, mich zu bewegen, im Studio und noch lieber in der Natur. Diese unerwartete Entwicklung gehört zu den besten Dingen, die mir seit meinem 40. Geburtstag passiert sind.

Rauch macht grau

Nikotin verengt die Gefäße und verringert die Durchblutung, die Haut wirkt fahl und grau. Der Körper bildet weniger Kollagen, die Haut verliert vorzeitig ihre Straffheit. Das dauernde Blinzeln im Qualm begünstigt die Faltenbildung um die Augen. Tests zeigten: Raucher werden durchschnittlich fünf Jahre älter geschätzt als sie sind.

Eine Frage des Stils
Über heimliche Jungmacher und neue Maßstäbe

Rehaugen, weiche Lippen, samtige Haut, noch ganz mädchenhaft, so sieht sie aus, die virtuelle Miss Germany, von Regensburger Forschern am PC zusammengebastelt, *gemorpht*, aus den besten Merkmalen der schönsten Frauen Deutschlands. Ihr computeroptimiertes männliches Pendant steht ihr an Attraktivität nicht nach: ausgeprägte Backenknochen, leicht gebräunte Haut, dunkle Wimpern und Augenbrauen, ergänzt um die drei entscheidenden Kriterien, die einen Mann zum Traummann machen: volles Haar, markantes Kinn und ein kräftiger Unterkiefer.

Gegen so viel virtuelle Schönheit verblasst natürliche Schönheit zu hübschem Mittelmaß. Das ergab eine Expertenbefragung in einer Münchener Modelagentur: Die Attraktivitätsforscher legten Schönheitsprofis eine Mappe mit 200 Fotos vor. Die eine Hälfte der Bilder zeigte die Gesichter echter Models, die andere Hälfte am Computer abgemischte Porträts. Alle abgebildeten Personen waren ungeschminkt, trugen die Haare aus dem Gesicht gekämmt und blickten neutral in die Kamera. Das Ergebnis: Die Schönheitsexperten befanden sechzehn Gesichter für tauglich, in die Kategorie »Beauty« aufgenommen zu werden. Vierzehn davon waren gemorpht, existierten also in Wirklichkeit nicht.

Damit ist bewiesen: Schönheit unterliegt objektiven Anforderungen. In allen Kulturen gelten symmetrische Gesichtszüge als schön, durchschnittliche Proportionen, makellose Haut, dominante Züge bei Männern und eine Mischung aus kindhaften und reifen Gesichtsproportionen bei Frauen. Auf dieses ästhetische Ideal hat die Evolution uns in Tausenden von Jahren gepolt. Wenn die Haut mit der Zeit Falten bekommt, die Augenbrauen absinken, die Lippen ihre Fülle verlieren und die Nase wächst, wird es immer schwerer, den genetisch verankerten Schönheitsansprüchen zu genügen. So viel steht fest.

Fest steht aber auch, dass aus einem hässlichen Entlein ein schöner Schwan werden kann – und umgekehrt. Das Klassentreffen bringt es an den Tag. Mit 17 hätte man den dicken Moritz mit der langen Mähne als Partner für den Abschlussball verschmäht, selbst wenn er einen gefragt hätte. Fünfundzwanzig Jahre später ist er, abgespeckt und kahl, kaum mehr wiederzuerkennen. Unverschämt sexy wirkt er obendrein. Dagegen sieht die einst so umschwärmte Claudia im hüftlangen Jersey-Cardigan ganz schön alt aus. Sie fragt viel und hartnäckig und scheint über jeden alles zu wissen.

Je älter wir werden, desto weniger erschöpft sich gutes Aussehen in körperlichen Vorzügen. Styling und Make-up-Tricks, Körperhaltung und Lebenseinstellung sind für den Gesamteindruck mindestens genauso wichtig. Was Sie für Ihre Ausstrahlung tun können, erfahren Sie in diesem Kapitel.

In jedem Alter schön

Jugendliche Schönheit ist vordergründig. Körperlich. Gefällig. Sie erschließt sich so leicht wie Mozarts Kleine Nachtmusik oder Monets Seerosenteich. Zu ihren natürlichen Vorzügen gehören eine feinporige, ebenmäßige Haut, die Bikinifigur respektive der Waschbrettbauch, dickes, glänzendes Haar, volle Lippen, hohe Augenbrauen gepaart mit typisch weiblichen beziehungsweise typisch männlichen Körpermerkmalen. Die instinktive Vorliebe für diese Lockreize hat sich im Lauf der Evolution entwickelt: Weibliche Schönheit signalisiert Gesundheit und Fruchtbarkeit, männliche Attraktivität Stärke, Zeugungskraft und Versorgungssicherheit. Jugendliche Schönheit kommt von außen. Sie drückt aus, dass jetzt die beste Zeit zur Paarung ist.

»Warum sich nicht ein Beispiel an Audrey Hepburn nehmen?
60 Jahre alt sein und wie 60 aussehen,
aber wie tolle 60.«
GEORGE CLOONEY

Zeitlose Schönheit ist anders. Hintergründig. Unkonventioneller. Sie lässt sich in kein Schema pressen. Audrey Hepburn, Jacqueline Kennedy und Katharine Hepburn besaßen sie, weit über die besten Jahre hinaus. Isabella Rossellini, Fanny Ardent, Meryl Streep, Susan Sontag, Hildegard Hamm-Brücher, Julia Varady und Martha Argerich ist sie zu Eigen, die Ausdrucksstärke, die mehr als ein oder zwei Jahrzehnte überdauert. Persönlichkeiten wie sie weisen den Weg, was es bedeutet, schön zu bleiben, wenn man anfängt, zu den Menschen mit Falten zu gehören: Stil. Souveränität. Intelligenz. Haltung. Einfluss. Präsenz. Sinnlichkeit. Komplexität. Zeitlose Schönheit leuchtet von innen heraus. Sie drückt aus, wer wir sind. Sie ist nie glatt und immer individuell.

Diese Art von Schönheit ist uns nur zum Teil in die Wiege gelegt, sie entsteht als Folge jahrelanger Weiterentwicklung und Disziplin. Zeitlose Schönheit ist schwer zu fassen. Aber wer den Blick dafür entwickelt hat, erkennt sie sofort. Vielleicht trägt die Bewunderung dafür dazu bei, in ihren Besitz zu gelangen, wenn die Zeit dafür gekommen ist.

Suchen Sie sich modische Vorbilder

In den besten Jahren helfen weder die Modestrecken der Frauenzeitschriften noch die minderjährigen Töchter in Stil- und Modefragen sonderlich weiter. Was mit 15 witzig aussieht, passt mit 39, 45 oder 53 nur noch bedingt zum eigenen Typ. Orientieren Sie sich lieber an Menschen in Ihrem Alter und älter, deren Aussehen Ihnen gefällt – das kann eine Kollegin sein, eine Fernsehmoderatorin oder eine Schauspielerin in einer ganz bestimmten Kinorolle. Studieren Sie, was den Stil ausmacht, der Sie anspricht, und übertragen Sie das eine oder andere Detail auf Ihren eigenen Auftritt.

Machen Sie sich bewusst, dass perfekte Schönheit Retouche ist

Das Gesicht von Claudia Schiffer auf der *Vogue* oder der Hintern von George Clooney in *Solaris* sind bis ins letzte Detail computertechnisch nachbearbeitet: Weichzeichnungsfilter bringen Mitesser und große Poren zum Verschwinden. Pickel und Falten werden manuell wegretuschiert. Alle Farben lassen sich digital verändern: der Teint bekommt einen zarten Braun-Ton, die Zähne werden virtuell gebleicht, die Augenfarbe wird intensiviert, das Weiß der Augen aufgehellt. Probieren Sie es mit Photoshop aus. Mit ein paar gekonnten Mausklicks wirken Sie glatt zehn Jahre jünger und perfekter.

Denken Sie zwanzig Jahre weiter

Stellen Sie sich vor, wie Sie in zwanzig Jahren aussehen und wirken möchten. Orientieren Sie sich an Vorbildern, die erreichbar sind und Ihnen vom Typ her ähneln. Sehen Sie sich eher als Donna-Leon- oder als Mutter-Beimer-Typ? Eher wie Sophia Loren oder wie Senta Berger? Eher wie Nancy Reagan oder wie Hannelore Hoger? Mehr wie Uli Wickert oder wie Götz George? Nehmen Sie für eine glattere Haut lieber einen fülligeren Körper in Kauf? Oder finden Sie eine schlanke Figur wichtiger als ein faltenloses Gesicht? Möchten Sie mit 65 am liebsten wie 45 aussehen? Oder lieber wie tolle 65? Daran denken wir nicht gern, mitten in den besten Jahren. Aber die Bilder von heute beeinflussen das Aussehen von morgen.

Der neue Realismus

»Wenn ich die Jahre zwischen 40 und 50 in einem Wort zusammenfassen müsste, würde ich sie als die ›Oh-Shit-Dekade‹ bezeichnen«, schrieb die amerikanische Visagistin Bobbi Brown mit 45 in ihrem Buch *Beauty Evolution*. Oh shit, wäre ich doch nie ins Solarium gegangen. Oh shit, hätte ich doch mehr für meine

Oberschenkel getan. Oh shit, hätte ich mir doch das Stirnrunzeln beizeiten abgewöhnt. Und so weiter. Und so weiter. Over-Forties sind die Sonnenbrände ihrer Kindheit, die durchlittenen Lieben, der Hang zu Sahnesauce und Schoko-Walnuss-Muffins, die faulen Wochenenden auf dem Sofa mit jedem Jahr deutlicher anzusehen. Die Übergangsphase zwischen Toll-siehst-du-aus und Gut-hast-du-dich-gehalten hat begonnen.

Das Seltsame dabei ist: Ich bin mit meinem Aussehen nicht unzufriedener als früher. Im Gegenteil, ich habe mich noch selten so wohl in meiner Haut gefühlt. Auch wenn mich die Falten um die Augen und die Sonnenschäden am Halsausschnitt nicht gerade beglücken. Viele andere in meinem Alter, Frauen wie Männer, behaupten von sich das Gleiche: Sie fühlen sich genauso attraktiv, wenn nicht attraktiver als in früheren Jahren.

Wahrscheinlich rührt diese neue Zufriedenheit mit dem Aussehen daher, dass wir mit den Jahren realistischer geworden sind und weniger kritisch. Mit vierzig plus haben wir endlich gelernt, uns an dem zu freuen, was wir haben, statt verzweifelt das zu vermissen, was fehlt: Der kleine Busen ist noch genauso fest wie früher. Die Lesebrille verleiht ein interessantes Flair. Das leichte Übergewicht polstert Falten effektvoll auf. Mit dem richtigen Styling sehen wir schöner aus denn je.

Bin ich schön?

Überlegen Sie, was Sie heute attraktiver an sich finden als vor zehn oder zwanzig Jahren: die bessere Haltung? Die geschulte Stimme? Die souveränen Bewegungen? Den klaren Stil? Das, was Sie so besonders macht? Die Sommersprossen, deretwegen Sie in der Grundschule verspottet wurden? Die schmale gerade Nase, die dank Nicole Kidman ihre verdiente Renaissance erlebt? Die ungebärdigen Locken, die Sie früher zur Verzweiflung trieben? Ihre imposanten 1,79 Meter, mit denen Sie mit siebzehn alle Jungs überragten?

Speziell für Frauen: Heimliche Jungmacher

Mit den richtigen Stoffen und Farben können Sie Aussehen und Ausstrahlung ganz beiläufig steigern.

Schmeichelnde Farben Gewürztöne tauchen die Haut in ein warmes Licht, Cremetöne von Sahneweiß bis Cappuccinobraun bringen den Teint zum Strahlen, Rosa, Pfirsich und Hellblau wirken jung und zart. Schwarz ist nie falsch, macht aber, von Kopf bis Fuß getragen, eher älter als jünger. Bunte grelle Farben wirken ab vierzig oft hart. Das gilt übrigens auch beim Make-up.

Weichzeichner Kaschmir, Angora, Leinen, Webpelz, weiche Schals und Rollkragen lassen die Haut zarter und samtiger erscheinen. Hightech-Fasern, Lackleder, Metallgürtel, Zipper, Lurex, Piercings und Tattoos bewirken das Gegenteil. Ballerinas und zierlicher Schmuck sehen auch an Over-Forties jung und lässig aus. Sofern die Figur stimmt.

Face-Lift fürs Make-up

Ab vierzig werden Haut-, Haar- und Lippenfarbe blasser, die Haut trockener. Pflege und Make-up können deshalb eine Auffrischung vertragen.

- Achten Sie darauf, dass Ihre Haut von innen und außen genug Feuchtigkeit bekommt. Verwenden Sie eine Reinigungscreme, die milde Fruchtsäuren oder feine Mikropartikel enthält, um abgestorbene Hautschüppchen zu entfernen.
- Visagisten halten ihn für unverzichtbar: Concealer, um Augenringe abzudecken und die Müdigkeit wegzunehmen. Am besten wirkt ein besonders cremiges Produkt mit lichtreflektierenden Pigmenten.
- Verwenden Sie ein Compact-Make-up in einem Farbton, der exakt mit Ihrem Naturhautton verschmilzt. Benutzen Sie Puder, wenn überhaupt, nur in sehr geringen Mengen, er setzt sich in Fältchen ab.

- Rouge in einem weichen Apricot- oder Rosenholzton frischt den Teint auf. Ein dunkler Lippenstift lässt die Lippen schmaler wirken.
- Bevorzugen Sie bei Grundierung, Rouge und Lippenstift warme Farbnoten und cremige Konsistenzen, ein leichter Glanz bringt das Gesicht zum Strahlen.
- Die Augen profitieren von einer deutlichen Kontur. Ziehen Sie mit einem weichen braunen Kajalstift eine Linie am oberen und unteren Augenrand. Dazu passen schwarz getuschte Wimpern.
- Extratipp: Perfekt in Form gezupfte, nach oben gebürstete Augenbrauen wirken wie ein Mini-Lifting.

Speziell für Männer: Jugendliche Dynamik

Das modische Leben von Frauen gestaltet sich zwar in der ersten Halbzeit interessanter als das von Männern. Dafür tun sich ab vierzig die Männer leichter: die Hüftpolster verschwinden unterm Jackett, den faltigen Hals verdeckt der Hemdkragen, die Schnitte kneifen weder unter den Armen noch am Bund, und kein Mensch käme auf die Idee, bezahlbare Männermode bevorzugt auf den Geschmack und die Figur pubertierender Jugendlicher abzustimmen. Trotzdem sind auch Männer gut beraten, mit vierzig plus bei Pflege, Frisur und Kleidung ein paar neue Regeln zu beachten.

- Kontrollieren Sie Nase und Ohren im Vergrößerungsspiegel und entfernen Sie störende Haare mit einer vorn abgerundeten Schere oder einem elektrischen Trimmer.
- Lassen Sie Warzen und Knöllchen vom Dermatologen entfernen, besonders solche im Gesicht.
- Modische Experimente wie Drei-Tage-Bart oder Ziegenbärtchen überlassen Sie Twentysomethings. Ein Schnauzbart macht die meisten älter als sie sind. Falten verleihen dem Gesicht Charakter genug.
- Mit den Jahren werden Haut und Haar blasser. Um gesund und dynamisch zu wirken, sollten Sie sich viel bewegen, am

besten im Freien, und klare Farben und glatte Stoffe bevorzugen. Der Klassiker: Weißes Hemd, rote Krawatte, dunkles Jackett. Amerikanische Präsidenten schwören darauf, deutsche Kanzler und Kandidaten auch. Falls es weniger förmlich zugeht, sind Sie gut beraten mit blau-weiß gestreiften Hemden, Pullis in Schwarz-, Anthrazit- oder Blautönen, dunkelblauem Blazer und Khakis als Alternative zu Jeans. Braun- und Beigetöne, Rautenmuster, Cord und Tweed in verwaschenen Farben sind ab vierzig nicht ganz unproblematisch. Ungeschickt kombiniert wirken sie farblos und grau.

- Verwenden Sie täglich Lippenbalsam und eine Feuchtigkeitscreme mit Sonnenschutz – auch wenn keine Sonne scheint. Blasse Haut können Sie mit getöntem Sonnengel auffrischen.
- Steht fast allen: ein radikaler Kurzhaarschnitt, wenn die Haare dünn werden, die Geheimratsecken ausgeprägter und der Vorderkopf allmählich licht.

Echt schön

Over-Forties haben modisch einiges hinter sich: Schlaghosen und Moonboots, aufgefönte Haare im Dallas-Stil und Jacketts mit überdimensionierten Schulterpolstern, schmale Lederkrawatten und Blousons aus Fliegerseide, Hippie-Look und Hanseaten-Chic. Jahrelang haben wir getragen, was in war und hip. Oder praktisch und preiswert. Jetzt sind wir endlich alt genug, das zu tragen, was zu uns, unserem Körper und unserem Leben passt. Der Weg dorthin ist einfacher, als Sie denken.

Studieren Sie Ihren Körper, Ihre Lieblingsstücke, Ihre Fehlkäufe

Finden Sie heraus, wo Ihre Stärken liegen. Das schöne Dekolleté? Die dunklen Augen? Die langen Beine? Wo sind Ihre Schwachstellen? Der nicht ganz flache Bauch? Die welken Hände? Wohin wollen Sie die Aufmerksamkeit lenken? In welchen

Hosen-, Jacken-, Pulliformen gefallen Sie sich am besten? Welche Kleidungsstücke tragen Sie am liebsten? Was macht sie so besonders für Sie? Welche kommen so gut wie nie zum Einsatz? Warum?

Überlegen Sie, was Sie mit Ihrem Styling erreichen möchten

Möchten Sie auffallen? Ihr Image pflegen? Dem Partner, der Partnerin gefallen? Kunden beeindrucken? Kompetent wirken? Aufregend? Kultiviert? Kreativ? Ungekünstelt oder raffiniert? Elegant oder sportlich? Freundlich und zugänglich? Oder distanziert und autoritär?

Überlegen Sie, was Sie lieben und was Sie verabscheuen

in der Mode, bei der Wohnungseinrichtung, bei Autos, bei Filmen, auf Reisen. Lassen Sie sich nicht vom Preis, praktischen Erwägungen oder Ihren aktuellen Besitztümern leiten. Schreiben Sie einfach wild durcheinander alles auf, was Sie persönlich schön und weniger schön finden. Wenn Sie schlichtes weißes Porzellan, Korbsessel und Afrika mögen und schwarzes Leder, Orchideen und Alessi-Accessoires eher nicht, dann fühlen Sie sich vermutlich in unkomplizierten Schnitten und harmonischen Farben wohl: Wildlederjacke, Cargopants, minimales Make-up. Umgekehrt könnte der Hang zu strengen, klaren Linien ins Thema Styling übersetzt auf eine Vorliebe für kühle Sachlichkeit sprechen: weiche schwarze Lederjacke, weiße Seidenbluse, rote Lippen, moderner Silberschmuck.

Kaufen Sie, was zu Ihrem Alltag passt

Führen Sie sich vor Augen, welche Aktivitäten Ihr Leben bestimmen. Welche Rollen spielen Sie im Alltag? In welchem Umfeld bewegen Sie sich? Haben Sie häufig mit Kunden zu tun, sind Sie viel mit den Kindern unterwegs, gehen Sie ins Theater, treiben Sie Sport, müssen Sie repräsentieren, was trägt man in Ihrer Branche, leben Sie in der Stadt oder auf dem Land? Wenn Sie eine ansehnliche Garderobe für Ihr Berufsleben besitzen, aber im Fitness-Studio verwaschene T-Shirts und ausgebeulte Jogginghosen auftragen, brauchen Sie vorerst kein weiteres Oberhemd, keine neue weiße Bluse anzuschaffen. Stattdessen setzen Sie funktionale Sportkleidung auf die Einkaufsliste.

Kaufen Sie gezielt

Sie wissen, was Sie wollen. Schokobraune Schuhe mit Gummisohle, die Sie im Winter bei jedem Wetter tragen können. Einen Rollkragenpulli, taillenkurz, in Kastenform, der zu Ihrem neuen wadenlangen Rock passt. Gut möglich, dass Sie mit so konkreten Wünschen nicht im ersten Geschäft fündig werden. Und auch nicht im zweiten. Sehr wahrscheinlich, dass Sie auf eine Verkäuferin stoßen, die Sie wissen lässt: »Das trägt man dieses Jahr nicht.« Bleiben Sie trotzdem kompromisslos. Kaufen Sie nur, was Ihnen wirklich steht, Ihre Vorzüge betont und in Ihren Alltag passt.

Kaufen Sie spontan

Gezielte Käufe bewahren vor Fehlkäufen und bringen System in den Kleiderschrank. Spontankäufe sind mit etwas Glück die inspirierten Highlights der Garderobe, die einem an guten Tagen das gewisse Etwas geben und an schlechten die Sicherheit, trotz allem gut auszusehen. Deshalb: sehen, kaufen, freuen.

Nur wer sich ändert, bleibt sich treu

In den letzten Jahren habe ich meinen Stil gefunden: Klassiker und unkomplizierte Basics, schlichte Schnitte und unauffälligen Schmuck, neutrale Farbnoten und eine schmale Silhouette. Ich weiß, dass ich unfähig bin, stufig geschnittene Haare zu stylen, Rot an mir nicht mag und High-Heels höchstens mal in der Oper trage. Die Zeiten, in denen ich mich der Tyrannei der Mode unterwarf, sind (fast) vorbei. Die Zahl der Fehlkäufe ist deutlich zurückgegangen. Immer mehr Stücke in meinem Kleiderschrank leisten mir schon seit Jahren gute Dienste.

Mode bleibt dennoch ein Thema für mich. Schon weil ich den sirenenhaften Lockungen von Baumwolle, Leinen und ärmellosen Tops nicht widerstehen kann, wenn es Anfang Januar Frühling wird in bundesdeutschen Schaufenstern. Davon abgesehen gibt es ein paar durchaus rationale Gründe, Frisur, Make-up und Garderobe regelmäßig zu verjüngen.

Erstens interpretiert die Mode auch Basics immer wieder neu. Das kleine Schwarze sitzt dank moderner Textilfasern körperbetonter, selbst klassisch geschnittene Hosen müssen unten ein bisschen ausgestellt sein, der an sich immer moderne Pagenkopf wird mal geometrischer, mal softer geschnitten.

Zweitens entwickeln wir uns. Es bleibt gar nicht aus: In den besten Jahren verändern sich der Körper, das Lebensgefühl, die Familiensituation. Vielleicht starten Sie nach der Erziehungspause beruflich wieder durch, vielleicht bringen Sie neuerdings ein paar Pfund mehr auf die Waage, vielleicht gibt es einen neuen Mann, eine neue Frau in Ihrem Leben. Dieses selbstbewusstere, sinnlichere, neu definierte Ich will optisch zur Geltung gebracht werden.

Drittens sieht man in den Augen der anderen schnell alt aus, wenn man modisch auf Autopilot schaltet. Wenn das Styling nicht angestaubt wirken soll vor lauter gepflegter Langeweile, braucht es immer mal wieder ein Update. Je jünger Sie wirken möchten, desto wichtiger ist es, die Lieblingsteile im Kleiderschrank von Zeit zu Zeit zu aktualisieren. Dazu genügen oft schon kleine Anpassungen: eine modischere Brille, ein neuer Haarschnitt, eine angesagte Lippenstiftfarbe, ein Paar Schuhe, das voll im Trend liegt.

»It's not about looking young, but looking good.«
CLINIQUE

Von innen schön

Gemessen an den genetisch verankerten Schönheitsidealen hätten Over-Forties wenig Chancen, als schön und attraktiv zu gelten. Zum Glück bestimmen im echten Leben weitaus mehr Aspekte als glatte Haut und jugendliche Züge, wie jemand wahrgenommen wird. Der Duisburger Psychologieprofessor Siegfried Frey hat in aufwändigen Studien nachgewiesen: Wie attraktiv wir auf den ersten Blick wirken, hängt hauptsächlich von unseren Bewegungen ab. Ein dynamischer Gang, ein dem Gesprächspartner zugewandter Oberkörper, eine aufrechte Körperhaltung wirken in jedem Alter positiv. Wer dagegen mit hängenden Schultern durchs Leben schleicht oder steif mit eingezogenem Bauch daherkommt, wird als unattraktiv wahrgenommen, egal ob er 25 oder 52 ist.

Eine Studie des Wiener Verhaltensforschers Karl Grammer und der amerikanischen Psychologin Ann-Lee Renninger weist in eine ähnliche Richtung. Die Wissenschaftler wollten herausfinden, wie stark die Mimik einer Person ihre Wirkung auf andere beeinflusst. Dazu übertrugen sie menschliche Gesichtsbewegungen auf ein Computergesicht, einen so genannten Avatar. Nun konnten sie messen, wie das Gehirn der Betrachter auf ein Lächeln, ein lebhaftes Mienenspiel, einen mitfühlenden Blick reagiert, unabhängig von der Attraktivität oder Unattraktivität des dazugehörigen Gesichts. »Es ist wahrscheinlich«, so Grammer, »dass Gesichter, die eine hohe Expressivität, also eine hohe Ausdruckskraft besitzen, Schönheit suggerieren.«

Beide Studien belegen: Schönheit ist mehr als eine glatte Oberfläche. Sie ist das Ergebnis einer ganz individuellen Melange aus harmonischen Gesichtszügen, gepflegter Haut, einem offenen Blick, gutem Styling, strahlenden Augen und charakteristischen Brüchen. Das meiste davon hat wenig mit dem Alter zu tun. Und viel mit einem bewussten Lebensstil. Einer optimistischen Einstellung. Einem reichen Innenleben. Kluger Selbstbeobachtung. Einem verfeinerten Geschmack. Diese Fähigkeiten erwerben wir gewöhnlich erst in den besten Jahren. Gerade rechtzeitig, um Krampfadern und Krähenfüße aufs schönste zu kompensieren.

- Wenn Sie sich steif und ungelenk fühlen, beginnen Sie einen Sport, der Ihr Gefühl für harmonische Bewegungen stärkt: Yoga, Tanzen, Reiten, Tai Chi, Fechten.
- Ihre Ausstrahlung hängt davon ab, wie stark Sie sich auf Ihr Gegenüber konzentrieren. Suchen Sie den Blick des anderen, nehmen Sie Anteil an dem, was er sagt, signalisieren Sie Verständnis, Freude, Mitgefühl – seien Sie präsent.
- Bleiben Sie neugierig. Interesse und Begeisterung bringen die Augen zum Leuchten und bewirken ganz automatisch, dass die Mimik lebhafter wird.
- Mimik macht Falten. Deshalb ist es gut zu wissen: Wir brauchen nur 14 Muskeln, um zu lächeln. Aber über 70, um die Stirn zu runzeln.
- Gehen Sie Miesepetern aus dem Weg. Lassen Sie sich von der Negativausstrahlung anderer nicht herunterziehen.

Ungeahnt schön

Was wir als schön empfinden, ist genetisch verankert. Schon zwei Monate alte Babys blicken im Laborversuch länger auf attraktive Gesichter als auf weniger attraktive. Das heißt jedoch nicht, dass wir dieses atavistische Programm nicht erweitern könnten. So wie wir literarisch über *Hanni und Nanni* und musikalisch über Abba und *Waterloo* hinausgewachsen sind, können wir auch das angeborene Empfinden für körperliche Attraktivität verfeinern.

Das setzt jedoch voraus, dass wir möglichst vorurteilslos durch die Welt gehen. Dann nehmen wir nämlich Cecilia Bartolis ansteckenden Witz wahr und Jessye Normans majestätische Haltung, statt stereotyp über den Body-Mass-Index von Operndiven zu lästern. Dann fallen uns die schöne Stimme und die tolle Wildlederjacke des Sitznachbarn im Urlaubsflieger mindestens so sehr auf wie dessen contergangeschädigter Arm. Dann kommt uns der Gedanke, dass Rubens' Göttinnen mit ihren üppigen Schenkeln und schlaffen Oberarmen ein träges Bei-sich-Sein ausstrahlen, das uns selbst zum Schönsein fehlt.

Was lernen wir daraus? Die vollkommene Schönheit computeroptimierter Models hat bei näherer Betrachtung etwas genau so Ödes an sich wie der pseudo-coole Blick H&M-gestylter Teenie-Beauties. Geschulte Augen erkennen das Schöne nicht nur im Jungen, Schlanken, Straffen. Sondern erst recht im Lebendigen, Besonderen, Ungewöhnlichen.

Schön sind Kraft und Energie und Intensität.

Schön ist die kleine Spalte zwischen den Vorderzähnen.

Schön sind Lachfalten um die Augen.

Schön sind lange dicke weiße Haare.

Schön ist das verletzliche Gesicht der Freundin, die Brustkrebs hat.

Schön ist ein Gesicht, das Reife und Erfahrung ausstrahlt.

Reife Leistung
Über Karriere, Kurswert und Krisenstimmung

Wir suchen: bundesweit Young Professionals. Junge und dynamische Verkaufsberaterinnen. Junge Kollegen mit deutscher und europäischer Eignungsprüfung. – Die Unternehmen, die diese Stellenanzeigen formulieren, wollen keine Nachwuchskräfte. Benötigt werden, das zeigt sich beim genaueren Lesen, hoch motivierte Experten für intelligente Private-Finance-Konzepte. Modebewusste, mehrsprachige Mitarbeiterinnen für einen exklusiven Flagship-Store in Hamburgs Edelmeile. Ein Partner mit Spezialkenntnissen in Maschinenbau und Elektrotechnik für eine Patentanwaltskanzlei in Wien. Erfahrung, Spezialkenntnisse und ein einschlägiger Werdegang sind nicht nur willkommen, sondern ausdrücklich erwünscht: Erste praktische Berufserfahrung. Schwerpunkt Prêt-à-porter. Ca. 3 Jahre Projekterfahrung. Erste Personalverantwortung.

Nein, man muss nicht fünfundzwanzig sein, um zum Vorstellungsgespräch in Deutschlands Bürohochhäusern, Einkaufsstraßen und Anwaltskanzleien antreten zu dürfen. Auch Thirtysomethings sind durchaus gern gesehen. Ältere allerdings rücken dem Verfallsdatum bereits gefährlich nahe. Nach Aussage des Instituts für Arbeitsmarkt- und Berufsforschung (IAB) können sich die heute 35- bis 49-Jährigen zwar zugute halten, die am besten ausgebildete Altersgruppe in Deutschland zu sein. Die Arbeitgeber beeindruckt das bisher wenig: »Wer 45 Jahre alt ist«, so der Sozialwissenschaftler Rolf Romaus, »kann auf dem Arbeitsmarkt kaum mehr vermittelt werden. Wer 55 ist, hat verloren.«

Wie Sie es schaffen, allen Widrigkeiten zum Trotz beruflich im Spiel zu bleiben, erfahren Sie in diesem Kapitel.

Auf Erfolg programmiert

Als wir Mitte der siebziger, Anfang der achtziger Jahre erwachsen wurden, waren wir umweltbewusst, konsumkritisch und friedensbewegt. Wenig später infizierte auch uns, was wir bis heute bestreiten, die Erfolgs- und Genussorientierung der beiden letzten Dekaden vor der Jahrtausendwende, und wir begriffen, dass es schon immer etwas teurer war, einen guten Geschmack zu haben. Von da an rückte Erfolg in unserer Wertordnung nach vorn. Aus Blumenkindern wurden Global Players.

Begleitet von einer anschwellenden Lawine von Karriereratgebern und Managementbüchern lernten wir, dass Eigenlob stimmt und nur die Paranoiden überleben. Ehrgeiz und Materialismus fraßen zwar nicht unsere Seele auf, so viel kritisches Bewusstsein hatten sich die meisten von uns bewahrt. Aber der Job und die damit verbundenen Herausforderungen prägten uns, nicht nur beruflich, auch privat. Heute ist unsere Identität eng an das, was wir beruflich machen, gekoppelt.

Weil uns Arbeit längst mehr bedeutet als Broterwerb, tun wir uns schwer, die Ereignisse in den ersten Jahren des neuen Jahrtausends zu akzeptieren: den Einbruch der Aktienmärkte, das Ende der New Economy, die wirtschaftliche Talsohle. Für viele über vierzig verband sich die Konjunkturdelle mit der Erfahrung, dass ihr Marktwert ähnlich rasant abstürzte wie die Aktien von Mobilcom und MLP.

Wirtschaftliche Rahmenbedingungen können sich ändern. Die unvorteilhafte 4, die ausgrenzende 5 vorneweg bei der Altersangabe im Lebenslauf bleibt. Für Arbeitnehmer über vierzig lauert das Ende der Karriere hinter jeder Ecke. Kommt es zum GAU, sind bis zur Auszahlung von Rente und Lebensversicherung viele Jahre zu überbrücken. Die finanziellen Ressourcen sind dann auch bei gut Situierten schnell erschöpft, die Erkenntnis, mit einem Mal schwer vermittelbar zu sein statt gut im Geschäft, setzt dem Selbstwertgefühl zu.

Der Marktwert sinkt

Aus dem Schlussbericht der Enquete-Kommission des Deutschen Bundestages zum demographischen Wandel geht hervor: Deutsche Führungskräfte halten ihre Mitarbeiterinnen und Mitarbeiter nur bis zum 51. Lebensjahr für voll leistungsfähig. Amerikanische Manager trauen ihren Mitarbeitern das Gleiche bis sechzig zu. Aber anders als in Deutschland gibt es in den USA eben auch Gesetze, die davor schützen, wegen des Lebensalters diskriminiert zu werden: Dort muss zum Beispiel niemand bei der Bewerbung ein Foto beilegen oder Jahreszahlen im Lebenslauf nennen, die Rückschlüsse auf das Geburtsjahr zulassen.

Hierzulande dagegen sinkt der Marktwert bereits mit vierzig ab, jedenfalls für die, die nicht zur Führungsspitze zählen: Wo 50-Jährige als altes Eisen gelten, müssen sich Über-40-Jährige fast zwangsläufig wie Auslaufmodelle fühlen. »Das Zeitfenster, in dem Fachkräfte für die Wirtschaft in den ›besten Jahren‹ sind«, schreibt die SZ-Redakteurin Sylvia Englert, »ist in manchen Berufen auf weniger als ein Jahrzehnt geschrumpft.«

40- und 50-Jährige werden deshalb zwar nicht reihenweise entlassen – dagegen gewähren die Kündigungsschutzregeln (noch) eine gewisse Absicherung. Aber ihr Ansehen im Team droht zu sinken. Jedenfalls in Branchen mit hohem Innovationsdruck. Personalentwicklung ab vierzig hat in den meisten Firmen Seltenheitswert.

Gewiss trifft diese Diskriminierung nicht alle gleichermaßen. Bei Selbständigen und Freiberuflern kommt das Alter selten zur Sprache. Im Gegensatz zu Angestellten werden sie hauptsächlich nach Leistung und Wirkung eingeschätzt, nicht nach dem Geburtsjahr und der Zahl der schon gelebten Jahre. Auch die notorisch Erfolgreichen im Bekanntenkreis geben sich unbekümmert: Seit dem Ende der New Economy, versichern sie, haben Entscheider mit grauen Schläfen wieder einen guten Stand. Aber am Ende eines langen Abends rutscht es auch ihnen einmal heraus: Wenn das Unternehmen insolvent wird oder im großen Stil entlässt, käme man anderswo nur mit viel Glück zum Zug.

Es lässt sich nicht leugnen: Im neuen Jahrtausend können Over-Forties nicht mehr damit rechnen, von Jahr zu Jahr mehr Geld, mehr Einfluss, mehr Macht anzusammeln. Im Gegenteil, viele müssen sich darauf einstellen, womöglich nicht einmal den bisherigen Wohlstand, den jetzigen Status halten zu können.

Ene, mene, mu, und raus bist du

Viel schlimmer trifft es die, die tatsächlich den Job verlieren. Wer ab vierzig arbeitslos wird, tut gut daran, ein weit gespanntes Netzwerk anzapfen zu können, um eine neue Stelle zu finden. Noch Ältere sind ohnehin kaum vermittelbar, über eine Million Über-50-Jährige sind arbeitslos.

Weil die Unternehmen ältere Bewerber erst gar nicht zum Vorstellungsgespräch einladen, müssen sich Anfang-50-Jährige im Frühjahr 2004 vom Bundesministerium für Wirtschaft und Arbeit anpreisen lassen wie überreife Bananen: »Unser jüngster Mitarbeiter. Über fünfzig und gut.« Als Anreiz für zögerliche Personalverantwortliche gibt's nach kruder Werbung Sitte noch eine Gratisgabe obendrauf: »Wer über 50-Jährige einstellt, bekommt einen Lohnzuschuss vom Arbeitsamt, welches auch die Arbeitslosenversicherung übernimmt.«

Es wäre interessant, das Durchschnittsalter des Kreativteams zu kennen, das diese sprachlich ungelenke und für die gesamte Altersgruppe entwürdigende Werbung erdacht hat. Gut möglich, dass der eine oder andere outgeplacte Texter über fünfzig das besser hinbekommen hätte. Aber Können kommt ab einem gewissen Alter nicht mehr zur Geltung, traut man Menschen über vierzig doch nur noch bedingt zu, motiviert zu arbeiten und innovativ zu denken.

Während die Bevölkerung insgesamt altert, werden die Belegschaften immer jünger. In vielen Firmen liegt das Einstellungs-Höchstalter bei Mitte dreißig. Insbesondere die Großunternehmen zeigen eine demonstrative Altersskepsis; wolle man auch in Zukunft vorne mitmischen, so die herrschende Meinung, müsse man Über-45-Jährige möglichst schnell durch Jüngere mit Premium-Wissen und frischeren Ideen ersetzen.

Dabei gibt es genügend Beispiele für Spitzenleistungen ab vierzig: Henry Ford entwarf mit 45 das legendäre T-Model. Donna Leon schrieb sich mit 51 mit ihrem ersten Commissario-Brunetti-Krimi auf die Bestsellerlisten. Michelangelo schuf mit 55 die Sixtinische Kapelle. Die Modedesignerin Jil Sander kehrte mit 59 nach dreijähriger Pause und einer umjubelten Kollektion in die Modeszene zurück.

Wer mit 33 gut war, ist mit 55 selten schlecht. Das liegt auf der Hand. Leider leuchtet diese Logik längst nicht allen Arbeitgebern ein. Besonders Ingenieure, Naturwissenschaftler, Informatiker, Kreative und Medienleute haben deshalb weiter mit der Jugendsucht der Unternehmen zu kämpfen. So stieg die Arbeitslosigkeit von Elektrotechnikern über 45 seit 1985 um 800 Prozent – die der Unter-35-Jährigen sank im gleichen Zeitraum kontinuierlich.

Als Senior IT-Consultant arbeitete Markus, 46, regelmäßig fünfzig bis sechzig Stunden pro Woche. Vor sechs Monaten wurde er freigestellt, aufgrund starker Umsatzrückgänge löste die Beratungsfirma seinen Bereich von heute auf morgen auf. Was folgte, empfand Markus als Sturz ins Bodenlose: Geschäftswagen weg, Dienst-Notebook weg, Firmen-Handy weg. Büro ausräumen, Stellenangebote studieren, Personalberater kontaktieren, Arbeitslosengeld beantragen, der Kleinen den Wunsch nach Reitstunden ausreden, Bewerbungen am PC der Großen schreiben. Absagen wegstecken. Dazwischen ab und an ein Vorstellungsgespräch, ohne Erfolg, keine Aussicht auf einen Neuanfang, nirgends. Die Beratungsbranche rekrutiert momentan, wenn überhaupt, nur Hochschulabgänger. Seit der Kündigung hat Markus drei Kilo zugenommen, im Tennisclub fühlt er sich unwohl, zum morgendlichen Lauftraining rafft er sich nur mehr selten auf.

Ab vierzig arbeitslos zu sein, stürzt die Betroffenen in ein tiefes Loch. Bis zu zwei Jahre braucht man nach einem solchen Schlag, um sich mit der Realität abzufinden und unter veränderten Vorzeichen neu anzufangen, sagen die Psychologen. Am wichtigsten ist es jetzt, nicht den Boden unter den Füßen zu verlieren.

Denken Sie nüchtern

Die Spielregeln im Job haben sich geändert: Die traditionelle Aufwärtskarriere ist ebenso ein Auslaufmodell wie die Option, sich mit Mitte fünfzig elegant in den Vorruhestand zu verabschieden. Alter und Erfahrung sind momentan niedrig bewertet. Berufliche Veränderungen können jeden treffen, allen voran Führungskräfte. Sich das klar zu machen, ist der beste seelische Schutz.

Mehr vom Selben führt selten zum Ziel

Schreiben Sie nicht blindlings Dutzende von Bewerbungen für Positionen, die möglichst nahtlos an Ihre alte anknüpfen. Behandeln Sie die Auszeit lieber als schöpferische Pause, in der Sie Ihre Berufs- und Lebensziele überdenken. Vielleicht bietet ein mittelständischer Betrieb weniger Glamour, aber dafür mehr Gestaltungsmöglichkeiten als die Welt der Großunternehmen, in der Sie bisher zu Hause waren. Sehr wahrscheinlich besitzen Sie eine ganze Reihe von Fähigkeiten, die in Ihrem alten Job brachlagen. Vielleicht wünschen Sie sich mehr Unabhängigkeit oder Gestaltungsfreiheit. Denken Sie auf jeden Fall auch über eine selbständige Variante nach, vielleicht zusammen mit einem Kollegen oder einer Kollegin von früher. Man muss nicht angestellt sein, um beruflich etwas auf die Beine zu stellen.

Bleiben Sie am Ball

Auch wenn es sich finanziell nicht lohnt, übernehmen Sie jedes passende Projekt, das Sie bekommen können, vom Volkshochschulkurs bis zur freien Mitarbeit. Der Vorteil: Sie knüpfen Kontakte und bringen neue Erfahrungen in Ihr Leben.

Setzen Sie sich Ziele

Es gibt kein Büro mehr, in das Sie gehen können, keine Meetings, keine Termine, keine Projekte, selbst der mittägliche Milchkaffee mit den Kollegen entfällt. Umso wichtiger ist es, umgehend neue Rituale zu schaffen und dem Tag Struktur zu geben. Erweitern Sie das gewohnte Sportprogramm. Nehmen Sie sich vor, vier Kilo abzunehmen. Verschaffen Sie sich Klarheit über Ihre finanzielle Situation. Lassen Sie sich ärztlich durchchecken, jetzt haben Sie die Zeit dafür. Laden Sie Freunde ein, wenn nicht zum Edelitaliener wie früher, dann eben zu Spaghetti aglio olio zu Hause. Lesen Sie sich in die russischen Klassiker ein oder in die zeitgenössische US-Literatur. Keine Frage, danach steht Ihnen nicht der Sinn. Dennoch: Projekte wie diese erhalten die Tatkraft, liefern Gesprächsstoff und verbannen zersetzende Gedanken.

Krise als Chance

Karriere ab vierzig kann sich als Parforceritt erweisen. Diese Anstrengung kommt vielen ungelegen. Das ist verständlich: Schließlich durften wir bis vor kurzem davon ausgehen, mit plus minus fünfzig sicher im Sattel zu sitzen. Man kann die härtere Gangart aber auch zum Anlass nehmen, das aggressive karriereorientierte Arbeitsmodell der frühen Jahre in einen Job mit mehr

Erfüllung umzuwandeln. Häufig braucht es einen beruflichen Rückschlag oder eine gesundheitliche Krise, um diesen Sinneswandel in Gang zu setzen.

Sabine, 50, war über zehn Jahre als Chefverkäuferin in einem führenden Modehaus angestellt. Bis das Traditionshaus im letzten Jahr seine Pforten schloss. Der Verlust des Arbeitsplatzes macht Sabine zu schaffen, eine vergleichbare Stelle ist in der mittelgroßen Stadt, in der sie lebt, nicht zu finden. Aber sie hat vorgesorgt. »Die Geschäftsaufgabe kam nicht überraschend. Ich denke schon eine ganze Weile über Alternativen nach.« Ihre Stärke sieht Sabine darin, Kundinnen typ- und anlassgerecht einzukleiden, ihr großes Plus ist eine akribisch gepflegte Kundenkartei. Auf einer USA-Reise lernte sie vor einigen Jahren den Beruf der persönlichen Einkaufsbegleiterin kennen, die ihren Kunden gegen Honorar beim Kleidungskauf zur Seite steht. »Viele meiner ehemaligen Stammkundinnen haben an einem solchen Service Interesse geäußert, allerdings darf er nicht zu teuer sein.« Ihre Abfindung hat Sabine in Briefpapier, Visitenkarten und eine schön gestaltete Website investiert, die sie mit Mode- und Einkaufstipps aktuell hält. »Mode-Basics beziehe ich günstig aus dem Internet, mit den ortsansässigen Einzelhändlern habe ich ansehnliche Rabatte ausgehandelt, die ich an meine Kundinnen weitergebe.« Noch verdient Sabine zwar deutlich weniger als in ihrem alten Job. Aber dafür hat sie wieder mehr Zeit für Kinder, Mann und Hund. »Außerdem stehe ich erst am Anfang. Als Nächstes biete ich Geschenkgutscheine an. Ich denke, das wird Anklang finden, besonders vor den Festtagen.«

Neuerer in eigener Sache

Egal, ob man angestellt ist oder selbständig, ob man den Wiedereinstieg plant oder zu einem Kurswechsel gezwungen ist, wer vierzig und darüber ist, befindet sich in einer paradoxen Situation. Viele erleben, dass sie bereits jetzt nicht mehr zur gesuchtesten Altersgruppe zählen: zu unkreativ, zu wenig belastbar, zu wenig lernbereit, zu unkommunikativ, zu teuer, das ist der Ruf, der Over-Forties vorauseilt. Andererseits ist eine Erhöhung des Renteneintrittsalters nur noch eine Frage der Zeit. Und: Aufgrund des demografischen Wandels steht in den westeuropäischen Ländern eine Ära der Arbeitskräfteknappheit bevor. Bereits ab 2010 wird das Arbeitskräfteangebot in Deutschland nach einem Bericht des Weltwirtschaftsforums um gut 0,7 Prozent jährlich zurückgehen. Dann werden die Unternehmen trotz Rationalisierung und Kapitalexport nicht umhin können, Altersgruppen zu umwerben, die sie heute als Innovationshindernis diskriminieren. Jedenfalls für Jobs, die nur vor Ort, im Inland erledigt werden können.

Für die eigene Lebensplanung heißt das: Den Job fürs Leben, in dem es sich gemütlich alt werden lässt, gibt es für uns ebenso wenig wie die Möglichkeit, demnächst gut versorgt aus dem Arbeitsleben auszusteigen. Die berufliche Zukunft ist unsicherer geworden. Um weiter am Ball zu bleiben, müssen wir ständig dazulernen, uns immer wieder neu positionieren und unser Potenzial weiter entfalten. Aber dafür geraten wir auch nie in Gefahr, uns zurückzulehnen und die zweite Halbzeit bloß halbherzig zu spielen. Wer sich jenseits der vierzig verjüngt und erneuert, kann sich neue Möglichkeiten erschließen. Allerdings nur der.

Der Krieg der Generationen

Erinnern Sie sich noch an Ihre ersten Jahre im Beruf? Wie Sie wenig von dem umsetzen konnten, was Sie in der Ausbildung gelernt hatten? Wie Sie mit Ihren guten Ideen ständig auf Widerstand stießen? Wie Sie am Kaffeeautomaten mit den drei anderen jungen Kollegen über die unflexiblen Alten (sprich: alle über 33) mit ihrer eingefahrenen Denke lästerten? Damals waren die

Alten immer die anderen. Jetzt sind wir selbst die »Alten« oder das, was ahnungslose Jüngere dafür halten.

Wir waren zwar selbst nicht besser. Trotzdem nagt die Geringschätzung der Jüngeren am Selbstwertgefühl. Aber das sagt keiner. Nicht laut. Ein Blick in das, was früher mal Schullektüre war, aber sich erst heute wirklich erschließt, fasst das unbequeme Thema in Worte:

»Ich bin kein Genie, immerhin ein Mann in leitender Stellung«, sinniert Max Frischs *Homo Faber* kurz vor seinem fünfzigsten Geburtstag, »nur vertrage ich immer weniger diese jungen Leute, ihre Tonart, ihr Genie, dabei handelt es sich um lauter Zukunftsträume, womit sie sich so großartig vorkommen, und es interessiert sie einen Teufel, was unsereiner in dieser Welt schon tatsächlich geleistet hat; wenn man es ihnen einmal aufzählt, lächeln sie höflich.«

Wie wahr. 46 war Max Frisch, als er 1957 diese Zeilen schrieb.

Am Arbeitsplatz prallen die Generationen heftig aufeinander: etabliert wirkend und in Führungspositionen die einen, von sich überzeugt und hungrig auf Karriere die anderen. Diese Stereotypen in den Köpfen der Jüngeren wie der Älteren kommen die Unternehmen teuer zu stehen: Gruppenbildung entlang der Generationengrenzen, mangelnder Wissensaustausch, (innere) Kündigung, Produktivitätsverlust, Imageschäden.

Je älter man wird, desto größer ist die Gefahr, im Konflikt mit Nachrückern den Kürzeren zu ziehen. Jugendsüchtige Unternehmen stellen im Zweifelsfall lieber unbelehrbare Ältere kalt als unsensible Jüngere an die Konkurrenz zu verlieren. Dabei ließe sich die Verschiedenheit zwischen Dreißig-, Vierzig- und Fünfzigjährigen durchaus produktiv nutzen. Zum Beispiel, um gezielter auf Kunden unterschiedlichen Alters einzugehen. Oder um Risikobereitschaft und Risikomanagement besser zu bündeln. Oder um den Wissensaustausch zu systematisieren. Das setzt jedoch voraus, dass die Generationen die jeweils besonderen Fähigkeiten der anderen kennen und wertschätzen.

In jedem Alter klasse

Im Job treffen bis zu vier Altersgruppen mit sehr unterschiedlichen Prägungen, Interessen, Lebensformen und Qualitäten aufeinander: die über 55, die über 40, die über 30 und die Einsteiger.

Die Über-55-Jährigen

vollenden ein Berufsleben nach traditionellem Muster mit Tarifverträgen, klassischen Aufstiegskarrieren und vergleichsweise sicheren Rentenansprüchen. Fast zwei Drittel von ihnen sind bereits aus einem festen Arbeitsverhältnis ausgeschieden. Die Altersgruppe kann sich den frühen Ausstieg leisten: Sie kommt in den Genuss attraktiver Frühverrentungsprogramme und kontrolliert mit 500 Milliarden Euro ein höheres Nettovermögen als jede andere Generation. Die Bellheims der Altersgruppe besetzen Spitzenpositionen in Politik und Wirtschaft, nach dem Zusammenbruch von Spaßgesellschaft und New Economy ist ihre Erfahrung und Besonnenheit wieder gefragt.

Die Werte der Über-55-Jährigen sind schwer zu verorten: Jahrgangsmäßig gehören sie zur Generation der 68er. Dementsprechend hoch bewerten sie Gestaltungsfreiheit und Individualität. Daneben stehen eher traditionelle Sichtweisen: Detailorientiertheit, Leistungsbereitschaft, theoretische Gründlichkeit.

Die Über-40-Jährigen

Die Generation ab vierzig wuchs in einer Zeit des Wirtschaftswachstums auf. Die Älteren unter ihnen hängen deshalb, trotz zum Teil erheblicher Brüche in der eigenen Biografie, noch der Vorstellung von Sicherheit, Normalkarriere und dem unbefristeten Vollzeitarbeitsplatz an. Zu den Vorzügen der Alterskohorte gehören Nachdenklichkeit, Umsicht, Integrationsvermögen sowie die Fähigkeit, sich abzusprechen und einen Konsens herbeizuführen. Großen Worten und Gesten stehen Babyboomers eher skeptisch gegenüber. Deshalb fällt es ihnen manchmal schwer, sich zu vermarkten, im großen Stil zu repräsentieren und Chancen beim Schopf zu ergreifen. Privat und beruflich stehen die Mittleren im Zenit ihrer Entwicklung, jedenfalls fühlen sie sich so. Viele investieren ihre Energie inzwischen besonnener als früher. Sie haben schon zu viele Wellen, Trends und Moden er- und überlebt, um fortschrittsgläubig auf jeden neuen Zug aufzuspringen. Selbst wenn er Transrapid heißt.

Die Über-30-Jährigen

Gemeinsam mit den Babyboomers weisen die Thirtysomethings die höchste Erwerbsquote auf. Im Wettbewerb um das größte Ansehen, die besten Positionen genießen sie den Wettbewerbsvorteil der größeren Jugend. Den Status der begehrten High Potentials haben allerdings auch sie schon wieder verloren. Der nächste Schub hoffnungsvoller Jungtalente wärmt sich bereits auf für den Start.

Geprägt von der Lifestyle-Ära der achtziger und dem Boom-Klima der neunziger Jahre stellen die Über-30-Jährigen den Gegenentwurf der 68er- und 78er-Generationen dar. Arbeit bedeutet für die Altersgruppe Spaß, Kommunikation und Selbstverwirklichung. Ihre beruflichen Stärken liegen darin, zu gestalten, kreativ zu sein, sich zu vermarkten und innovative Projekte selbstbewusst anzupacken. Nach dem Ende des Neuen Marktes landete die Generation Golf zwar auf dem Boden der Krise. Zudem setzt die Doppelbelastung von Familie und Beruf der Mobilität und Flexibilität Grenzen. Aber den Thirtysomethings kommt zugute, dass sie sich im Vergleich zu großen Teilen der Babyboomers bereits an unsichere Arbeitsplätze gewöhnt haben und wissen, wie es sich anfühlt, zwischen freier Mitarbeit, befristeten Verträgen und Phasen der Selbständigkeit zu pendeln. Die Loyalität gegenüber dem Arbeitgeber ist dementsprechend gering, Thirtysomethings agieren als Unternehmer in eigener Sache: stilbewusst, marketingerfahren, freundlich, professionell.

Die Einsteiger

Die Generation zwanzig plus, die jetzt ins Berufsleben einsteigt, hat die härtere wirtschaftliche Gangart bereits verinnerlicht. Ohne Illusionen richtet sie sich darauf ein, dass es beruflich nicht nonstop aufwärts gehen und Arbeit nicht immer Spaß machen wird. Erfolg ist wichtig, schon um den von zu Hause her gewohnten Lebensstandard zu halten. Bereitwilliger als die Vorgängergenerationen akzeptiert die Altersgruppe deshalb die Spielregeln von Beruf und Wirtschaft: genau definierte Ziele, voller Einsatz, schnelles Feedback, klare Trennung von Berufs- und Privatleben. Nicht umsonst werden die Anfang- bis Mitte-20-Jährigen manchmal als »Generation Nett« etikettiert.

Leben mit dem Jugendwahn

Der Vergleich der Generationen zeigt: Die Jüngeren sind aufgrund ihrer Prägung egoistischer, aber auch frischer und zupackender als die eher unauffällig agierenden Mittleren. Dafür gehört es zu den Chancen ab vierzig, weniger zu konkurrieren und mehr zu kooperieren. Nicht nur mit den eigenen Weggefährten. Auch mit den Nachrückern. Schon damit es künftig nicht mehr heißt, wie jüngst in der *Zeit*, »Zoff mit Opa«, wenn es um den Konflikt der Generationen am Arbeitsplatz geht. Sofern wir den Wandel ab vierzig bewusst vollziehen, wachsen uns die Qualitäten, die es dafür braucht, gerade zu: Einfühlungsvermögen, Großzügigkeit, Weisheit, Generativität – Vorzüge genug, die Einteilung in starre Alte und voranstürmende Junge zu überwinden.

Reden Sie sich nicht alt

Sie brauchen Ihr Alter nicht zu verheimlichen. Aber Sie müssen es auch nicht thematisieren. Vermeiden Sie Phrasen wie »Zu meiner Zeit«, »Wir haben früher«, »Das war vor Ihrer Zeit«, »Wenn ich jünger wäre«, »Solche Möglichkeiten standen uns damals einfach nicht offen«. Seien Sie auch vorsichtig mit Jugenderinnerungen. Wenn man in der Cafeteria erzählt, wie man die Mondlandung vor dem (Schwarz-Weiß-)Fernseher miterlebte, wirkt das aus der Sicht Jüngerer leicht so, als sei man Zeitzeuge des Untergangs der Titanic geworden.

Umsicht ist besser als Vorsicht

Die Spaßgesellschaft hat zwar ein Ende gefunden. Dennoch wirkt die Skepsis, die manchen Babyboomers zur zweiten Natur geworden ist, auf die ganz anders sozialisierten Jüngeren freudlos und ängstlich. Viel produktiver: Engagieren Sie sich für Neuerungen – und kümmern Sie sich um professionelles Risikomanagement.

Reden Sie Ideen nicht tot

Babyboomers sind diskurserfahren und legen Wert darauf, alle Projektteilnehmer ins Boot zu holen. Das hat den Vorteil, dass alle an einem Strang ziehen. Andererseits führen langwierige Abstimmungsprozesse dazu, dass eigenwillige Ansätze zerredet und verwässert werden. Rasche Entscheidungen kommen bei den Generationen Golf und @ besser an.

Suchen Sie die Zusammenarbeit mit Kollegen aller Altersgruppen

Das heißt vor allem: Gehen Sie auf Jüngere zu. Nicht nur, weil deren aktuelles Know-how und unverbrauchte Energie Ihrer Karriere nutzen kann. Die Zusammenarbeit mit Jüngeren bereichert Sie auch persönlich. Um als Individuum wachsen zu können, müssen Sie sich immer wieder auf neue ungewohnte Ansichten und Methoden einlassen.

Vermarkten Sie sich zeitgemäß

Zwanzig- und Dreißigjährige verstehen es, Produkte, Leistungen und die eigene Person eindrucksvoll in Szene zu setzen. Aufgewachsen mit Viva, Magnum und Nike wissen sie intuitiv um die

Wirkung von Verpackung, Worten und Symbolen. Neben ihnen wirken Ältere, die edles Tuch, professionell getextete Mailings oder eine aufwändig gestaltete Roadshow als oberflächlich abtun, doppelt wie von gestern.

Energiebewusst arbeiten

Erfolgsdruck, Arbeitstempo und Leistungsanforderungen nehmen zu. Die Arbeitsplätze werden unsicherer. Immer weniger Mitarbeiter sollen immer mehr in immer kürzerer Zeit leisten. Jahrelang haben wir mit dem Stress gekämpft, das Privatleben geopfert, um mit den beruflichen Herausforderungen Schritt zu halten.

Jetzt, mit vierzig plus, bekommen wir die Folgen zu spüren: Gereiztheit, Augenringe, Schlaflosigkeit, Bluthochdruck, Burnout. Ein Ende der Belastung ist nicht in Sicht. Es sei denn, wir ziehen die Bremse selbst. Ohne Angst vor Leistungsabfall, Prestigeverlust und der nachdrängenden Konkurrenz. Sondern kühl kalkulierend: Wollen wir uns jetzt auspowern bis zum Herzinfarkt? Uns stressen, bis wir grau aussehen und überfordert? Oder wollen wir bis weit über sechzig gute Arbeit leisten? Leistung bringen, bis wir wirklich alt sind? Glaubwürdigkeit ausstrahlen, Sicherheit und unangestrengte Professionalität?

Dann dürfen wir uns in den besten Jahren nicht mit Hektik, Perfektionismus und Alleingängen verschleißen. Jeder gute Marathonläufer weiß: Nur Sprinter verausgaben sich bis zum Letzten. Langstreckenläufer teilen ihre Kräfte ressourcenschonend ein. Unbeirrt, selbst wenn andere bei Kilometer 22 triumphierend vorbeikeuchen. Das ist die einzige Chance, bis zum Ende durchzuhalten und unter den Ersten durchs Ziel zu gehen.

Übersetzt auf das Berufsleben heißt das: *Work smart, not hard*. Ab vierzig kennen Sie sich und Ihr Feld gut genug, um mit weniger Energie den gleichen Erfolg zu erzielen wie bisher.

- Machen Sie Überstunden, wenn es nötig ist, aber nicht, um Ihre Unentbehrlichkeit zu demonstrieren.
- Stellen Sie Mitarbeiter ein, denen Sie nicht ständig über die Schulter schauen müssen.
- Versprechen Sie weniger, als Sie leisten können. Und leisten Sie dann mehr, als Sie versprochen haben.
- Arbeiten Sie im Team, nicht als Einzelkämpfer.
- Arbeiten Sie im Tandem mit jüngeren Kollegen. Kontakte plus Kraftreserven, Erfahrung plus Ehrgeiz addieren sich zu einer starken Kombination.

Arbeiten, um zu leben

Wenn die Generation 40 plus aus dem Berufsleben ausscheidet, wird sie um einiges älter sein als die Vorruheständler und Altersteilzeitler von heute. Deshalb wäre es eine schlechte Strategie, das Leben bis zur Rente auf Wiedervorlage zu legen. Spätestens in den besten Jahren ist es an der Zeit, bei allem beruflichen Engagement Energie und einen freien Kopf zu finden für das, was im Leben wirklich zählt: Familie. Gesundheit. Ideale. Persönliche Interessen. Weiterentwicklung. Lebensfreude.

Die einen schaffen das, indem sie der Arbeit weniger Bedeutung einräumen und sich geschickter organisieren. Dabei kommt ihnen ihre Lebenserfahrung zugute: Über-40-Jährige sind nämlich besser in der Lage als Jüngere, scheinbar unvereinbare Ziele und Anforderungen in ein gesundes Verhältnis zueinander zu bringen. *Ambiguitätstoleranz* nennen Psychologen diese Eigenschaft, das eine zu tun ohne das andere zu lassen.

Andere stellen den alten Lebenstrott ganz in Frage. Zum Beispiel Katrin, Restauratorin, und Jochen, Controller bei einer Frankfurter Bank. Seit die Kinder unabhängiger sind, hegen sie den Wunsch, auch beruflich gemeinsame Sache zu machen, am liebsten irgendwo im Grünen, draußen vor der Stadt. Inzwischen verwirklichen sie diesen Traum Stück für Stück. Vor drei Jahren haben sie eine alte Scheune im Taunus gekauft und zu einem Geschäft für Landhausmöbel umgebaut. Anfangs hielten sie den Laden nur am Wochenende offen. Mittlerweile ist er so gut eingeführt, dass Katrin ihre Festanstellung kündigen und Sortiment und Öffnungszeiten erweitern konnte. »Natürlich war unser altes Leben bequemer«, erzählt Katrin. »Manche unserer Freunde halten uns für verrückt, ein solches Risiko einzugehen. Aber dafür können wir jetzt das ausleben, was wir bisher vermisst haben.« Zurzeit entsteht im Dachboden der Scheune mit viel Eigenarbeit ein großzügiges Domizil für zwei. Jochens Plan sieht vor, mit Anfang fünfzig ebenfalls den festen Job aufzugeben, in die freie Beratung zu wechseln und das Geschäft um ein Café zu erweitern. Zusammen sind Katrin und Jochen dabei, persönlich und beruflich einen neuen Höhepunkt zu erreichen.

Erfolg neu definieren

Das berufliche Pflichtprogramm haben wir mit vierzig plus absolviert. Wir machen interessante Projekte, haben etwas zu sagen, zahlen ordentlich Steuern und haben bewiesen, dass die Ausbildung zur Goldschmiedin doch nicht zu dem finanziellen Desaster führte, das unsere Eltern uns prophezeiten. Jetzt folgt die Kür. Untrügliches Zeichen dafür sind die Gespräche mit den Freunden und Bekannten. Ging es jahrelang um den nächsten Gehaltssprung, den prestigeträchtigen Kongress, das neu angeschaffte Ultraschallgerät oder das tolle Verhältnis zum Chef, werden neuerdings andere Töne laut.

»Ich würde viel lieber etwas weniger Trockenes machen, was mit den Händen«, wünscht sich Angelika, die seit ihrer Scheidung das Sekretariat des Fachbereichs Physik schmeißt und immer so methodisch und gefestigt wirkt.

Bei Joachim ging's in den letzten Jahren nur in eine Richtung: aufwärts. Seine Arztpraxis ist inzwischen bestens eingeführt. Aber der Alltag aus Schnupfennasen, Routine-Check-ups und Krankenkassenabrechnungen behagt ihm nicht mehr. »Die Praxis brummt, das ist wahr. Aber unter uns: Die Hälfte der Patienten kommt wegen Kleinkram. Die brauchen nur eine Krankschreibung. Oder die Versicherung, dass ihnen nichts fehlt.«

Annegret möchte jetzt, wo die Kleine in den Kindergarten kommt, zurück in den Beruf. Allerdings schreckt sie der Gedanke, sich nach sechs Jahren Familienmanagement in ein Team einzuordnen und an feste Arbeitszeiten gebunden zu sein. »Ich kann mir gar nicht vorstellen, wieder einen Chef zu haben.«

Paula gibt Geigenunterricht an der städtischen Musikschule. Sie liebt Bartók, Beethoven und ihre Geige wie vor zwanzig Jahren. Aber sie kann die quietschenden Obertöne übefauler Hip-Hop-Kinder bald nicht mehr hören.

Mit plus minus dreißig waren wir vom äußeren Erfolg elektrisiert. Mit über vierzig fangen wir an, ihn als schal zu empfinden. Persönliche Spielräume und echtes Engagement werden wichtiger als materieller Besitz. Einerseits. Andererseits möchten wir natürlich auch in Zukunft gut verdienen. Schließlich haben wir familiäre Verpflichtungen, einen etwas teureren Geschmack und wenig Aussicht auf eine auskömmliche Altersversorgung. Doch, wir hätten's gern ein bisschen sicherer. In dieser Hinsicht werden wir unseren Eltern immer ähnlicher. Der Wunsch nach mehr Erfüllung treibt uns dennoch um.

Erwarten wir zu viel? Ist es ein Zeichen von Sattheit, wenn uns Geld, Status und Konkurrenz weniger als früher motivieren? Wenn uns die Wiederholung des immer Gleichen zu langweilen beginnt? Wenn wir gern ein paar neue berufliche Akzente setzen würden? Unsinn. Die latente Unzufriedenheit mit den alten Verhältnissen zeigt nur, dass wir uns entwickeln. Wer sich ab vierzig neu erfindet, bemisst eben Erfolg nicht mehr so sehr nach Geld und vordergründigem Prestige. Ab vierzig bedeutet Erfolg auch, dass man sich das Leben immer mehr nach den eigenen Vorstellungen einrichten kann.

Ziele realistisch verwirklichen

Wunsch und Wirklichkeit klaffen oft gar nicht so weit auseinander, wie es auf den ersten Blick erscheint.

Paula zum Beispiel hat ihr Stundendeputat um ein Fünftel reduziert. Der kleine finanzielle Rückschritt gibt ihr den Spielraum, aktiv im Förderkreis mitzuarbeiten. Zurzeit sucht sie nach Sponsoren, die es ermöglichen, in der nächsten Saison einen Kammermusikzyklus mit Werken des 20. Jahrhunderts aufzuführen. Seither hat sie mit ihren jungen Geigenschülern wieder mehr Geduld.

Joachim überlegt, sich für einen Auslandseinsatz bei »Ärzte ohne Grenzen« zu bewerben: »In einem Notstandsgebiet bist du als Arzt wirklich gefordert.«

Angelika hat sich fürs Erste einen Ausgleich außerhalb des Berufs geschaffen: Alle zwei Monate berät sie eine befreundete Buchhändlerin, die schon immer ihr Gespür für Farben bewunderte, bei der Schaufenstergestaltung. »Als Alleinerziehende kann ich mir es einfach nicht leisten, einen sicheren Job aufzugeben.«

Die Beispiele zeigen: Man muss keine unkalkulierbaren Risiken eingehen, um mehr Erfüllung zu finden.

Malen Sie sich Ihre beruflichen Zukunftsvorstellungen aus

Unzufriedenheit mit dem Ist-Zustand deutet darauf hin, dass eine Kursveränderung nötig sein kann. Wer den Wunsch nach etwas Neuem verdrängt, um die Betriebsrente nicht zu gefährden, kommt womöglich nie dazu, seine Träume zu verwirklichen.

Schreiben Sie auf, welche Werte und Ideale Ihnen wichtig sind

Geld? Sicherheit? Persönliches Wachstum? Die Beste, der Beste zu sein? Unabhängigkeit? Gesellschaftliches Ansehen? Freiheit? Neue Erfahrungen? Viele Kontakte? Erkenntnis? Einkommen? Kreativität? Erfüllung? Wie können Sie Ihre drei wichtigsten Werte im Job besser verwirklichen?

Auch kleine Veränderungen bringen viel

Sie müssen nicht gleich den totalen Wechsel planen. Überlegen Sie, ob Sie innerhalb des Unternehmens andere oder zusätzliche Aufgaben übernehmen können. Häufig hilft auch ein Zweitjob, ein neues Hobby oder ein Engagement außerhalb des Berufs, um nicht ausgelebten Neigungen näher zu kommen. Alternativ dazu: Wechseln Sie die Branche, aber nicht den Beruf. Etwas völlig Neues anzufangen zehrt an der Substanz, vor allem, wenn man Geld verdienen muss.

In Führung gehen

Jüngere Generationen verfügen oft über aktuelleres Fachwissen, arbeiten mit neueren Methoden, haben häufiger im Ausland gelernt und sind dementsprechend global orientiert. Die Mittleren können diesen Vorsprung durch Offenheit und Weiterbildung verkleinern. Aufholen lässt er sich selten. Damit müssen wir uns abfinden.

Mit vierzig plus liegen unsere Stärken auf einem anderen Gebiet. Mehr als in jüngeren Jahren sind wir jetzt gefordert, im Job Verantwortung zu übernehmen: Wissen weiterzugeben. Qualitätsmaßstäbe zu vermitteln. Kontakte mit anderen zu teilen. Feedback zu geben. Risiken zu managen. Konflikte zu lösen. Die Moral im Team zu stärken.

Wenn Sie Mitarbeiter führen oder Projekte managen, gehört es ohnehin zu Ihren Hauptaufgaben, zu planen, zu coachen und

Kooperationsprozesse zu fördern. Wer im Team arbeitet, kann ähnliche Rollen übernehmen. Machen Sie sich klar: Ein erfolgreiches Team braucht vielfältigen Input, der erst dann entsteht, wenn Mitarbeiter mit ganz unterschiedlichen Fähigkeiten an einem Strang ziehen: Vorprescher und Bewahrer, Solisten und Vermittler, Jüngere, Mittlere und Ältere, technisch Versierte und sozial Kompetente.

Natürlich hängt es von Ihren Erfahrungen und Ihrer Persönlichkeitsstruktur ab, welche dieser Rollen Ihnen besonders liegt. Aber zu den typischen Entwicklungsaufgaben der Lebensmitte gehört es, Jüngere zu unterstützen. Deshalb sind Midagers wie geschaffen dafür, als Vermittler, Mentoren, Ausbilder, Trainer und neutrale Sparringspartner zu wirken. Offiziell und inoffiziell. Angenehmer Nebeneffekt: In allen diesen Rollen ist ein etwas höheres Alter eher von Vorteil als von Nachteil.

Zielgruppenwissen ausspielen

Als Konsumentin habe ich mit dem Alter kein Problem. Ganz im Gegenteil: Ich diskutiere unbefangener mit einem Friseur über die beste Methode, graue Strähnen abzudecken, der sich seinerseits gerade damit abfindet, dass sein kahl gewordener Kopf nicht mehr viel Frisur zulässt. Ich fühle mich wohler in einem Fitness-Studio, in dem Menschen zwischen 15 und 75 trainieren als in einem, in dem man kaum mal jemanden über 30 sieht. Und ich lasse mich in Geldfragen lieber von einer Fachfrau meines Alters beraten, als von einer High-Potential frisch von der Uni.

Over-Forties bilden eine kritische, kaufkräftige Kundengruppe. Das bringt Midagers in Dienstleistungsberufen einen nicht zu unterschätzenden Vorsprung ein: Im Gegensatz zu jüngeren Kollegen wissen sie aus erster Hand, wie Gleichaltrige ticken. Sie wissen, was eine riesige, kaufkräftige und bisher wenig beachtete Zielgruppe tragen, essen, lesen und hören will, was sie denkt und empfindet, wie sie beraten und angesprochen werden möchte, wie sie reist, wohnt und investiert, welche Themen sie bewegen und welche Prioritäten sie setzt.

In vielen Branchen ließe sich aus diesem Wissen Kapital schlagen. Die meisten Unternehmen und ihre Mitarbeiter ahnen es nur nicht. Sucht man heute im Internet nach »Marktpotenzial Kinder«, liefert die Suchmaschine Google zehn Ergebnisseiten. Gibt man den Begriff dagegen in Verbindung mit »mittlere Generation« ein, erscheint auf dem Bildschirm kein einziger Link. Dabei sind bereits jetzt fast 30 Millionen Deutsche zwischen 40 und 65. Dabei können sie mehr als doppelt so viel Geld einfach so, *just for fun*, ausgeben wie die Nachwuchskonsumenten zwischen zehn und zwanzig. Kann es sein, dass die gehätschelten Young Professionals in Wirtschaft und Werbung sich ein wenig zu sehr auf ihresgleichen konzentrieren? Wie auch immer: Die Kurzsichtigkeit der Jüngeren bietet Over-Forties die Chance, ein hochinteressantes Themenfeld mit Zukunft zu besetzen.

- Welche Rolle spielen Over-Forties in Ihrem Job? Als Kunden? Als Verhandlungspartner? Als Vorgesetzte, Mitarbeiter und Kollegen?
- Wie können Sie persönlich sich auf die Zielgruppe vierzig plus spezialisieren?
- Könnte Ihr Unternehmen neue Geschäftsfelder im Hinblick auf die Over-Forties erschließen?
- Wie könnte Ihr Unternehmen seine Produkte/Dienstleistungen verbessern, wenn es die Wünsche und Interessen von Menschen ab vierzig einbeziehen würde? Gut möglich, dass von solchen Verbesserungen auch Jüngere profitieren.
- Wie könnten Sie Ihre Kommunikation/Ihr Marketing verändern, um Over-Forties gezielt anzusprechen?

In jeder Beziehung glücklich
Über erprobte Paare, Solisten und neue Bindungen

Sabine und Jan. Petra und Mike. Thorsten und Uwe. Astrid und Benjamin. Gabriela und Ruth. Ob beim Einkaufsbummel, beim Theaterabend oder beim Essen mit Freunden: Midagers treten bevorzugt paarweise auf. In keiner anderen Lebensphase ist das Leben im Doppelpack so weit verbreitet wie in den besten Jahren. Laut Statistischem Bundesamt sind knapp achtzig Prozent der 35- bis 55-Jährigen verheiratet, fünf Prozent wohnen ohne Trauschein zusammen. Der Rest lebt beziehungsweise erzieht allein, aber auch in dieser Gruppe sind viele fest liiert.

Das Glück zu zweit ist in den besten Jahren die vorherrschende Lebensform. Das klingt nach normierter Langeweile. Ist es aber nicht. Bei näherer Betrachtung steckt die Paarbeziehung den Rahmen für vielfältige Spielarten des Zusammenlebens ab: klassisch verheiratet oder partnerschaftlich verbunden. Mit Kindern oder ohne. In erster, zweiter oder dritter Ehe. Hetero oder schwul. Jung verliebt oder seit Jahren aufeinander eingespielt.

Wer das Glück der Zweisamkeit einmal kannte, strebt es immer wieder an. Ungefähr 60 Prozent der Geschiedenen heiraten ein zweites oder drittes Mal, Männer bevorzugt sogar schon im ersten Jahr nach der Scheidung. Mindestens die Hälfte der Singles wünscht sich, was gerade fehlt: einen festen Partner. Und falls Sie mit dreizehn oder siebzehn gedacht haben sollten, mit 45 oder 52 sei Liebe nur noch ein Wort, hat Sie das Leben inzwischen bestimmt eines Besseren belehrt.

Okay, statt Romantik haben wir heute Rituale und anstelle von stürmischem Sex lustvoll zelebrierte Sinnlichkeit. Aber in Atem hält uns die Liebe weiterhin. Allerdings stellt sie uns mittendrin im Leben vor andere Herausforderungen als vor zwanzig Jahren. Egal, ob die Beziehung alt ist, neu oder gerade nicht existent.

Das Glück der Dauerhaftigkeit

Als ich mich kurz vor dem Abitur in den Mann verliebte, mit dem ich inzwischen ein Vierteljahrhundert verheiratet bin, war meine Vorstellung von Liebe, Glück und Zweisamkeit von Liebesfilmen, Südstaaten-Sagas und den Klassikern der Weltliteratur geprägt. Die ersten Jahre unserer Ehe glichen einem Praxisschock. Es dauerte eine Weile, bis ich begriff, dass das Gelöbnis vor dem Traualtar nicht die Krönung der Liebe ist. Sondern das Ehrenwort, auch dann zusammenzubleiben, wenn die Illusionen bröckeln und Kompromisse nicht weiterhelfen. Wenn er mauert und sie sich verschließt. Wenn Enttäuschung sich breit macht, und der Alltag die Liebe auf die Probe stellt.

Wir hielten an unserem Versprechen fest, hartnäckig sind wir zum Glück beide. Wir zweifelten aneinander, an uns selbst und an unserem Verstand, wuchsen dabei irgendwie zum Paar zusammen und wurden, jeder für sich und beide gemeinsam, erwachsen. Gefühlsmäßig begriffen wir, worin wir uns heute, um ein paar Erfahrungen und viele Jahre klüger geworden, einig sind: Das Leben zu zweit ist kein Fertighaus, heute geordert, morgen bezugsfertig. Sondern ein Projekt mit ungewissem Ausgang, *work in progress* mit allem, was dazugehört: Herzklopfen und Konflikte, Veränderungen und Triumphe, Wagnisse und Erkenntnisse.

Eine auf Dauer angelegte Beziehung gewährt einen Schutzraum, der es erlaubt, sich – individuell und gemeinsam – auszuprobieren und zu verändern und zu entwickeln und den Partner, die Partnerin im Lauf der Jahre aus immer wieder neuen Blickwinkeln zu erleben. Das ist die ideelle Seite. Eine langjährige Beziehung bringt aber, so die Soziologen, auch ein paar ganz reelle Vorteile ein. Sie schaffen die Grundlagen, mit optimalen Voraussetzungen in die besten Jahre zu starten.

Die Früchte der Dauerhaftigkeit

Langjährige Paare finden aneinander nicht nur Nähe, Vertrautheit und Leidenschaft. Sie schneiden auch als Wirtschaftsgemeinschaft besser ab als Singles oder Lebensabschnittsgefährten: Langzeitpaare leben länger, sind gesünder, selbstbewusster und zufriedener und verfügen, statistisch gesehen, über höhere Einkommen und größere Vermögen. Verantwortlich dafür sind kleine Unterschiede in der Lebensführung, die sich im Lauf der Jahre zu einem schwer aufholbaren Vorsprung summieren. Die amerikanische Soziologin Linda J. Waite von der University of Chicago ist der Sache nachgegangen.

Beginnen wir mit dem finanziellen Zugewinn. Geld ist zwar in vielen Ehen Streitthema Nummer eins. Aber dafür schneiden Verheiratete in Sachen Vermögensbildung erheblich besser ab als gleichaltrige Singles oder unverheiratete Paare. Mit jedem Jahr, das die Ehe dauert, vergrößert sich der Abstand. Die Faktoren für das größere Geld- und Immobilienvermögen von Langzeitpaaren sind vielfältig: Paare nutzen vieles gemeinsam und investieren bevorzugt in langlebige Wirtschaftsgüter. Sie geben erheblich weniger Geld als Solisten für Freizeit und schnellen Konsum aus. Nicht, weil sie genügsamer wären. Sondern weil es Gespräche, Spaß und Zuspruch zu Hause gratis gibt. Verheiratete erzielen darüber hinaus höhere Einkommen und entscheiden sich häufiger als Unverheiratete, gemeinsame Kasse zu machen. In diesem Fall bestimmt häufig der Sparsamere den Kurs, der Kauffreudigere steckt zurück.

Treue schafft Wohlstand. Obendrein erhöht sie das Wohlbefinden. Tatsächlich ist eine langjährige Beziehung ein ausgezeichnetes Anti-Aging-Programm. Das ergab eine von Waite geleitete Langzeitstudie an über 6000 Teilnehmern mit ähnlicher Bildung und vergleichbarem Einkommen. Verheiratete Männer hatten demnach im Alter von 48 Jahren eine Wahrscheinlichkeit von 88 Prozent, verheiratete Frauen sogar eine Wahrscheinlichkeit von

92 Prozent, 65 zu werden. Von den gleichaltrigen, nie verheirateten Singles erreichten dieses Alter nur 63 Prozent der Männer und 82 Prozent der Frauen, von den Geschiedenen 65 Prozent der Männer und 85 Prozent der Frauen.

Das Mehr an Lebensjahren hat noch nicht einmal viel damit zu tun, ob die Beziehung lebendig ist oder eher lau. Langzeitpaare leben schlicht und einfach gesünder mit ihren fest zementierten, fast schon spießigen Ritualen: Sie kochen fett- und cholesterinärmer, essen mehr Obst und Gemüse, trinken gern mal ein Glas Rotwein, aber selten über den Durst, und schicken sich gegenseitig regelmäßig zur Vorsorgeuntersuchung. Notfalls mit sanfter Gewalt: Über Zigaretten und Alkohol wird in Ehen mehr gestritten als über stressbedingte Ungeduld und Gereiztheit.

Die Herausforderungen der Lebensmitte

Langjährige Paare sind nicht mehr so leicht zu erschüttern. Langjährige Paare steuern in einem ruhigen Fahrwasser. Langjährige Paare sind eingespielt und manchmal eingefahren. So oder ähnlich lauten sie, die Vorurteile einer schnelllebigen Gesellschaft, die verinnerlicht hat, dass das Neue sexy ist und die Abwechslung reizvoll. Viele verpassen deshalb die Erfahrung: die Langzeitliebe ist eine echte Herausforderung.

»Eine durchgehende Schwäche meiner Frau
ist zum Beispiel, dass sie mich nicht ausführlich
genug lobt für meine Leistungen als Vater,
Ehemann und vor allem im Beruf.
Mir wiederum wird in letzter Zeit verstärkt
von der Ehefrau vorgehalten,
ich würde ihr nicht sorgfältig zuhören,
wenn sie mir aus ihrem Leben erzählt.«
Herbert Riehl-Heyse

Erstens: Erprobte Paare verfügen über einen Schatz an Gemeinsamkeiten, Vertrauen und Verbundenheit, der den Kick einer jungen Liebe aufwiegt. Eine gute Partnerschaft wird im Lauf der Zeit milder, aber nicht monoton. Es ist ein fabelhaftes Gefühl, seit ein oder zwei Jahrzehnten zueinander zu stehen, an den guten Tagen und an den weniger guten, obwohl man sich in einem simplen, wenn auch teuren Verwaltungsakt jederzeit hätte trennen können.

Zweitens: Keine Beziehung, ganz gleich wie lange sie schon dauert, bietet die Sicherheit einer Lebensversicherung mit Überschussbeteiligung und Auszahlgarantie. Das Fundament mag noch so solide angelegt sein, es gewährleistet nicht, dass die Liebe ewig hält. Das Scheidungsrisiko sinkt zwar nach dem zehnten Ehejahr deutlich ab. Trotzdem hat sich die Scheidungsquote bei Paaren, die seit über zwanzig Jahren verheiratet sind, in den letzten fünfzehn Jahren verdoppelt. Häufigste Trennungsgründe: Auseinanderleben und fehlender Gesprächsstoff. Also Langeweile. Auch nach Jahren und Jahrzehnten bleibt die Liebe ein flüchtiges Glück.

Drittens: Auch Langzeitbeziehungen wandeln sich ständig, egal wie gut die Partner aufeinander eingespielt sind. Oft zum Schöneren: Sie treibt ihre eigene Entwicklung voran. Er setzt beruflich interessantere Prioritäten. Beide lernen immer besser, Verschiedenheit zu nutzen, statt sich daran aufzureiben. Der Sex wird inniger und raffinierter. Und manchmal zum Schlechteren: Sie hat häufig schlechte Laune und selten große Lust. Er findet sich schwer damit ab, dass der Aufschlag schwächer wird und der Jahresbonus kleiner. Der Große schmeißt die Schule, und die Kleine probt den Aufstand. Die Pflege der Schwiegermutter erweist sich als Zerreißprobe für die Beziehung.

Fazit: Zusammen bleiben nicht die, die nebeneinander hertrotten. Zusammen bleiben die, die sich bewegen und auseinander setzen und das Glück immer wieder neu erobern.

Die Zweisamkeit wiederfinden

»Wo ist nur die Zeit geblieben?« Besonders die Eltern unter den Midagers treibt diese Frage um. Natürlich wussten sie, dass die Kinder nicht immer Kinder bleiben würden. Natürlich bemühten sie sich, über der Erziehung nicht den Partner, die Partnerin aus den Augen zu verlieren. Natürlich genießen sie die neue Freiheit, die das Größerwerden der Kinder ermöglicht. Dass die Familienzeit so kurz sein würde, finden sie trotzdem irritierend. Und ein bisschen traurig.

Viel früher, als den Eltern lieb ist, grenzen sich die Kinder ab: Die 11-Jährige übernachtet immer öfter bei Freundinnen. Der 13-Jährige isst mittags lieber einen Burger mit den Kumpels als das ausgewogen zubereitete Mittagessen zu Hause. Die 15-Jährige ist weder für Geld noch gute Worte zu bewegen, mit den Eltern in den Skiurlaub zu fahren. Der 17-Jährige wird das nächste Schuljahr in New Mexico verbringen.

Mittendrin im Leben sind die Kinder zwar noch lange nicht selbständig. Aber die nachelterliche Lebensphase wirft ihre Schatten voraus: Die Elternrolle ist kein Full-Time-Job mehr. Während die Kinder bis vor kurzem der Mittelpunkt waren, um den sich alles drehte, bleiben ihre Plätze bei Tisch jetzt immer öfter leer. Im Familienalltag entstehen Lücken. Sie zu schließen, fällt vielen Eltern schwer.

Aus dem Größerwerden der Kinder ergibt sich noch eine weitere Veränderung: Fast über Nacht verwandeln sich verständige kleine Gefährten in gnadenlose Rivalen: um Geld. Um Attraktivität. Um Macht. Der Kleine ertrotzt sich den Zuschuss für das MMS-Handy, ohne das sein Leben nicht lebenswert ist. Die Große provoziert schon morgens beim Frühstück: »Ich seh einfach besser aus als Mami, findest du nicht, Papi?« Ob Internetanschluss, Autokauf oder Urlaubsziel, am Votum der Kinder kommt keiner vorbei.

Während die Eltern endgültig von der Jugend Abschied nehmen, berauschen sich die Kinder an ihrem Jung-Sein. Mehr als Kinderlose bekommen Paare mit Kindern zu spüren, dass eine neue Generation die alte verdrängt. Die amerikanische Paarpsychologin Judith Wallerstein formuliert das so: »Der Teenager als Vertreter der nächsten Generation macht den Erwachsenen den Platz streitig, und zwar in jeder Hinsicht, auch sexuell, während die körperliche Attraktivität der Eltern von Jahr zu Jahr abnimmt.«

Zu den psychologischen Herausforderungen des Paares gehört es jetzt, die Kinder freizugeben und den Partner, die Partnerin wieder stärker in den Mittelpunkt zu rücken. Im besten Fall verwandelt sich das Elternpaar zurück zum Liebespaar. Im schlechtesten Fall machen sich Trauer und Langeweile breit, und das Paar erkennt, dass hauptsächlich die Kinder die Ehe zusammenhielten. Manchmal ist diese Einsicht der Anfang vom Ende.

Die eigene Identität stärken

Jahrelang tauchten die Eltern in die Welt der Kinder ein. Statt ins Theater ging's zur Schulaufführung, statt Meeresfrüchten gab's Miracoli, statt Wohndesign IKEA-Welt. Den Kindern zuliebe. Bis die das Ansinnen der Eltern peinlich finden, sie zum Snowboarden oder ins Britney-Spears-Konzert zu begleiten.

Die beste Strategie in dieser Phase: Halten Sie sich nicht damit auf, es modisch, sportlich oder sprachlich den Kids gleichzutun. Entwickeln Sie lieber Ihr souveränes, erwachsenes Ich: Gestalten Sie die Wohnung um, ergänzen Sie die praktischen Klamotten für Küche und Fahrdienst durch Eleganteres, kochen Sie aufwändig mit Freunden – ohne Rücksicht darauf, dass Ihr Sohn keine Tomaten isst und Ihre Tochter weder Fisch noch Fleisch anrührt.

Außerdem wichtig: Wenn die Verantwortung für die Kinder kleiner wird, müssen die Eltern sich wieder mehr Anregungen von außen holen. Die Jobs, das Ehrenamt, der intensiver gepflegte Freundeskreis, seine kulturellen Interessen und ihr politisches Engagement bringen frische Impulse.

Natürlich interessieren Sie sich weiter dafür, wen Ihre Tochter süß und was Ihr Sohn geil findet. Aber die Kids sollen ruhig merken: Ihre Eltern gehen in einem reichen, erwachsenen Eigenleben auf. Mit diesem Verhalten geben Sie nicht nur den heranwachsenden Kindern das Gefühl mit auf den Weg: Erwachsenwerden lohnt sich. Es tut auch der Beziehung gut, wenn Sie sichtbar gern wieder mehr Frau als Mutter, mehr Mann als Vater sind.

Gemeinsam älter werden

Er schnarcht jetzt so, dass sie an getrennte Schlafzimmer denkt. Sie trinkt kaum mehr Rotwein und literweise Kräutertee. Er sieht immer mehr wie sein Vater aus. Sie ahnt, an welchen Abenden es keine so gute Idee wäre, mit ihm schlafen zu wollen. Er findet ihre Stirnfalten ausdrucksstark. Sie findet, er sollte jetzt wirklich regelmäßig zur Vorsorge gehen. Er macht sich Sorgen um seine Position in der Firma. Sie zügelt ihr Temperament, aus Rücksicht auf seinen Bluthochdruck. Er ist ihr bester Freund. Sie ist seine engste Vertraute.

Ab vierzig entdeckt man die ersten Zeichen des Älterwerdens, nicht nur an sich selbst, auch am Partner. Winzigkeiten nur, Kleinigkeiten eigentlich, über die es sich nicht lohnt, ein Wort zu verlieren. Reden Sie trotzdem drüber. Älterwerden fängt mit kaum wahrnehmbaren Schritten an. Doch irgendwann wird es offensichtlich. Irgendwann kommt die nachlassende Lust, das verräterische Schwitzen, das Warten auf das Biopsie-Ergebnis. Die damit verbundenen Ängste und Belastungen lassen sich leichter bewältigen, wenn das Paar sich bereits darauf versteht, mit dem Thema Älterwerden umzugehen: behutsam, betreten, belustigt.

Machen Sie aus dem Älterwerden kein Problem. Sondern ein gemeinsames Projekt.

Bleiben Sie im Gespräch

Die Veränderungen, die in Ihnen beiden vorgehen, verdienen Erwähnung. Ihre Angst, nicht mehr so attraktiv zu sein, genauso wie seine Sorge, es nicht mehr wie früher zu bringen. Reden Sie darüber, so selbstverständlich, wie über alles andere auch. Erinnern Sie sich, wie Sie beide zu dem wurden, was Sie heute sind. Lassen Sie den Partner, die Partnerin wissen, was Sie heute aneinander und an Ihrem gemeinsamen Leben schöner finden als früher. Nennen Sie beim Namen, was Sie manchmal vermissen.

Freuen Sie sich auf die neue Lebensphase

Betonen Sie den Wert neuer Rollen und Verhaltensweisen. Wie angenehm man es findet, die eigenen Emotionen besser im Griff zu haben. Wie lohnend es sein kann, Jüngere zu fördern. Wie man sich darauf freut, nach Jahren zum ersten Mal wieder allein mit dem Partner, der Partnerin zu verreisen. Wie unerwartet interessant sich das Leben jenseits der vierzig anfühlt. Bestärken Sie einander, das zweite Erwachsenenalter genauso bewusst und aktiv gestalten zu wollen wie die Jahre davor.

Machen Sie sich nicht alt

Midagers haben zwar kapiert, dass das Leben nicht ewig dauert. Trotzdem wollen sie nicht dauernd daran erinnert werden. Schon gar nicht von der Partnerin oder vom Partner. Dekorieren Sie deshalb weder Bad noch Küchentheke mit Haarwuchsmitteln und Hormontabletten. Drängen Sie dem Partner kein Wellness-Wochenende auf, mit der Begründung, er wirke in letzter Zeit so abgespannt. Machen Sie kein Thema daraus, dass Sie den Cappuccino bevorzugt mit Magermilch trinken und warum Sie das Müsli mit Kleie anreichern. Schlimmer als das Älterwerden sind die damit verbundenen Insignien. Nichts schadet der Liebe mehr, als wenn der Partner oder die Partnerin plötzlich Verhaltensweisen zeigt, die schon bei den eigenen Eltern befremdeten.

Das neue Gleichgewicht der Kräfte

Ab vierzig fangen wir an, unser Selbst voll zu entfalten. Dazu gehört auch, dass wir jetzt endgültig die atavistischen Rollenmuster hinter uns lassen. Bei Paaren, die die Aufgaben bisher traditionell unter sich aufgeteilt hatten, fällt diese Entwicklung besonders auf: Je selbständiger die Kinder werden, desto mehr stellen sich die Frauen auf eigene Füße. Sie steigen wieder in den Beruf ein, beginnen ein Studium oder widmen sich verstärkt den eigenen Interessen. So oder so sind sie weniger angepasst und verfügbar als früher. Während Frauen mit den Jahren an Stärke zulegen, gewinnen Männer an Sensibilität. Das Konkurrenzverhalten, auch das sexuelle, lässt nach. Kooperation, Freundlichkeit und Nähe rücken auf der Werteskala nach vorn. Aufgeschlossene Männer wünschen sich jetzt in der Beziehung das Maß an Vertrautheit, das sie in jüngeren Jahren oft abblockten.

Eigentlich müsste diese Entwicklung dazu führen, dass die Partner sich mittendrin im Leben leichter miteinander tun als je zuvor: Ab vierzig ziehen Mann und Frau in ihren Kompetenzen gleich, die Gegensätze versöhnen sich. So die Theorie.

Ganz so einfach verhält es sich in der Praxis leider nicht. Nicht immer verläuft die Entwicklung der Partner zeitgleich. Und nicht jeder erlebt die Persönlichkeitsveränderungen der Lebensmitte als Gewinn. Ob die biologische und soziale Annäherung der Geschlechter die Beziehung beflügelt oder belastet, hängt deshalb davon ab, ob sie als Bereicherung oder als Bedrohung empfunden wird.

- Reift er mit den Jahren zum Vorbild, Mentor, Moderator? Oder trauert er den Zeiten nach, als er zu den jungen Wilden zählte?
- Legt sie die Abgeklärtheit, die er neuerdings entwickelt, als Souveränität oder als Schwäche aus?
- Traut sie sich, die beruflichen Chancen zu nutzen, die sich ihr bieten? Obwohl bei ihm die Karriere seit einiger Zeit stagniert?

- Findet er das Selbstbewusstsein, mit dem sie noch einmal durchstartet, aufregend oder aggressiv?
- Freut sie sich, dass er mehr Nähe zu ihr sucht? Oder fühlt sie sich davon eingeengt und überfordert?

Die Vertrautheit mit dem ewig selben Partner, der immer gleichen Partnerin gilt nicht eben als aphrodisisch. Mittendrin im Leben noch mal zurückzugehen auf »los« anscheinend schon. Vielleicht suchen deshalb 65 Prozent der Frauen und 75 Prozent der Männer ihr Heil in einer verjüngenden Affäre. Alternativ dazu könnte man regelmäßig die Langzeitbeziehung vom Staub befreien, den sie mangels Pflege ansetzt. Und nicht etwa, weil sie an Wert verliert. Bei diesen Gelegenheiten fiele auf, dass sich ab vierzig beide Partner und damit auch die Beziehung enorm verändern. Ob zum Guten oder zum Schlechten, hat das Paar in der Hand.

Aus *ihrer* neu entwickelten Stärke, *seiner* hinzugewonnenen Sensibilität und dem über die Jahre gewachsenen Vertrauen kann sich eine bemerkenswerte Schubkraft entwickeln. Nur: Dazu müssen wir die Veränderungen der Lebensmitte wahrnehmen und wertschätzen. »Wir haben jetzt die Chance, einen Punkt der Harmonie zu erreichen«, verspricht die Autorin Gail Sheehy, »wo die Spannung der männlich-weiblichen Differenz endlich aufgehoben wird. Es ist dies eine weitere Veränderung, die das zweite Erwachsenenalter so aufregend macht.« Es hilft, wenn ein Paar weiß, mit welchen Veränderungen es rechnen darf.

Krisen gemeinsam bewältigen

Die Verliebtheit ist am schönsten, wenn sie spielerisch ist, jung und ganz frisch. Die Liebe will über die Jahre zur vollen Reife ausgebaut werden. Dann ist sie eher dem gewachsen, was ihr ab vierzig öfter als früher abverlangt wird: Krisen zu meistern. Natürlich können auch ganz junge Beziehungen schwer belastet sein: zum Beispiel durch Arbeitslosigkeit oder die Geburt eines behinderten Kindes. Der Regelfall ist das zum Glück nicht. Ab vierzig und erst recht ab fünfzig können dagegen die wenigsten mehr so sorglos durchs Leben segeln wie in den Jahren davor.

Die zweite Halbzeit hält Schwieriges und Schmerzhaftes bereit: die Karriere stockt, er verliebt sich in eine andere, bei ihr wird Diabetes diagnostiziert, jemand in der Familie hat Krebs, der Sohn bricht die Ausbildung ab, ein guter Freund erleidet beim Tauchen einen Herzinfarkt, ihr Bruder kommt über den Tod seiner Frau nicht hinweg.

Nicht jede dieser Krisen ist gleich schlimm. Aber jede von ihnen hat die Macht, das prekäre Beziehungsgefüge zum Einsturz zu bringen. Für beide verändert sich das Leben zum Schlechteren. Aber wirklich in der Situation gefangen ist oft nur einer. Der andere hat die Möglichkeit, sich ihr zu entziehen. Indem er sich distanziert. Oder trennt.

Ob es uns gefällt oder nicht: In der Erlebnisgesellschaft sind die Ansprüche an die Partnerschaft gestiegen. Konventionen, Kinder und Kirche halten uns nicht mehr zusammen. Wenn die Liebe Bestand haben soll, muss sie unsere Bilder vom schönen Leben wahr machen. Deshalb stellt jede Belastung, die das Ideal vom Glück dauerhaft stört, die Beziehung auf eine gefährliche Probe.

Paare sind deshalb, wenn es hart auf hart geht, nicht nur gefordert, die Krise zu bewältigen. Sie müssen gleichzeitig und von Anfang an auch die Beziehung schützen. Die Paarpsychologin Judith Wallerstein schlägt dafür die fünf folgenden Bewältigungsstrategien vor.

Federn Sie Krisen schon im Vorfeld ab

Sie merkt, dass er mit seinem neuen Chef nicht klarkommt. Ihm fällt auf, dass sie in letzter Zeit noch schneller explodiert als sonst. Beiden ist klar, dass seine massig gewordene Körpermitte nicht nur optisch ein Problem darstellt. Krisen zeichnen sich oft frühzeitig ab. Bei glücklichen Paaren nimmt zumindest einer die Warnzeichen wahr und schreitet ein, bevor der Ernstfall eintritt.

Lassen Sie sich nicht von Ihren Gefühlen überwältigen

Malen Sie sich nicht das Schlimmste aus: Was, wenn die Chemotherapie scheitert? Was, wenn Mutter nach der Hüftoperation nicht zurück in ihre Wohnung kann? Eine realistische Planung bringt mehr und hält Ängste in Schach: Welche Möglichkeiten gibt es, die Belastungen während der Chemo zu lindern? Welche Voraussetzungen müssen erfüllt sein, damit Mutter zu Hause zurechtkommen kann? Welche Alternativen gibt es noch?

Gönnen Sie sich so viel Fröhlichkeit und Genuss wie irgend möglich

Am Krankenbett durfte man nur flüstern, und nach Opas Tod trug Mama ein Jahr lang Schwarz. Als glücklicherweise letzte Generation wuchsen wir mit dem Gefühl auf, dass es nicht reichte, Trauer zu spüren. Man musste sie auch zeigen. Diese Sozialisierung steht uns heute im Weg, wenn es darum geht, Krisen zu meistern ohne sich darin zu verlieren. Wie es anders geht, zeigt, zum Beispiel, Benignis Film *Das Leben ist schön*.

Machen Sie sich gegenseitig keine Vorwürfe

In manchen Situationen erfordert es eine schier übermenschliche Beherrschung, nicht auszusprechen, was ohnehin beide wissen: Dass sie schon seit Jahren nicht mehr zur Mammografie gegangen ist. Dass seine Eltern einfach besser für ihr Alter hätten vorsorgen müssen. Dass der Unfall nie passiert wäre, wenn sie nicht verspätet losgefahren wäre. Trotzdem: Wenn die Beziehung halten soll, ist es besser, den gegen den Partner, die Partnerin gerichteten Frust zu unterdrücken. Besonders stabile Paare schaffen es laut Judith Wallerstein sogar, sich gegenseitig die Selbstvorwürfe auszureden.

Spielen Sie nicht den Tapferen, geben Sie nicht die Unerschütterliche

Krisen machen Angst. Krisen erzeugen Wut. Krisen machen konfus. Krisen lassen sich nur schwer in Erfolgsprojekte verwandeln. Wir können froh sein und stolz, wenn wir halbwegs heil daraus hervorgehen. Niemand muss deshalb vorgeben, mit Rückschlägen locker fertig zu werden. Vertrauen Sie dem Partner Ihre Verzweiflung, Ihre Hilflosigkeit, Ihre Schuldgefühle an. Sagen Sie, wie man Sie konkret unterstützen kann. Scheuen Sie sich nicht, jede Hilfe anzunehmen, die Sie bekommen können. Falls Sie als Helfer gefordert sind: Nehmen Sie sich ab und zu das Recht auf eine Auszeit – ohne schlechtes Gewissen.

Liebe mit Vergangenheit

Die Liebe ab vierzig hat Vergangenheit, egal, ob die Partner schon seit 22 Jahren zusammen sind oder erst seit zwei. Bei langjährigen Paaren ist es die gemeinsame Lebensgeschichte. Bei Paaren, bei denen eine oder beide eine Trennung hinter sich haben, sind es die Überbleibsel aus der früheren Beziehung: ihre Kinder aus der ersten Ehe. Seine Ex-Freundin, die sich regelmäßig bei ihm meldet. Ihre Verlustängste. Seine Unterhaltsverpflichtungen. Ihr Zögern, aus der vertrauten Umgebung wegzuziehen. Seine Eltern, die fest zu seiner ersten Frau halten.

Es dauert eine Weile, sich von der vorangegangenen Beziehung freizuschwimmen. Denn auch wenn man sich den Ex-Partner, die Ex-Partnerin aus dem Herzen gerissen hat, wirkt die alte Paarkultur im Alltag nach: die Freunde, die Wohnungseinrichtung, die Ernährungsgewohnheiten, die Art, Weihnachten zu feiern, der Umgangston, das Segelhobby, die Lieblingssendungen im Fernsehen – in allem spiegelt sich das Paar wider, dem man früher einmal angehörte. Diese Vergangenheit lässt sich nicht mit Stumpf und Stiel ausrotten. Paare, die sich des Problems bewusst sind, werden nach und nach der alten Welt eine neue entgegensetzen. Jedes gemeinsam angeschaffte Möbelstück, jedes neu erfundene Ritual rückt die Vorgeschichte ein wenig weiter an den Rand.

Paare mit Kindern aus der Vorbeziehung müssen ein zweites Kunststück meistern: Während es in Erst-Ehen eine Weile dauert, bis aus zwei drei werden, sind in Zweit- und Drittbeziehungen die Kinder von Anfang an dabei. Statt zu zweit ist man zu viert. Und am Wochenende zu sechst. Dass sich Stiefeltern, Stiefkinder und Stiefgeschwister auf Anhieb leiden mögen, kommt eher selten vor. Zumal die Kinder, wer wollte es ihnen verdenken, so wenig wie möglich von den vertrauten Gewohnheiten hergeben wollen. Wichtigste Regel für Patchwork-Familien: Nehmen Sie sich gar nicht erst vor, zu leben wie eine Erstfamilie. Patchwork-Familien mögen aussehen wie typische Vater-Mutter-Kind-Familien. Aber sie bilden eine Konstellation ganz eigener Art. Als Teil eines komplexen Beziehungsgespinsts brauchen sie eigene, fantasievolle Spielregeln. Darüber hinaus sollte das Paar sich darauf einstellen: Auch wenn die Kinder den Stiefelternteil mögen, dauert es ein bis zwei Jahre, bis sie ihn als Miterzieher akzeptieren.

Eine dritte Belastungsprobe ergibt sich aus der finanziellen Situation. Zum Beispiel, weil er Unterhaltsverpflichtungen und deshalb deutlich weniger Geld zur Verfügung hat als sie. Weil der Unterhalt für die Ex-Familie das Budget der Neu-Familie empfindlich schmälert. Oder weil es Eifersüchteleien gibt unter den Kindern, seinen, ihren und dem gemeinsamen Nachzügler, wer wie viel hat, darf, kriegt. Aus guten Gründen neigen zum zweiten oder dritten Mal verheiratete Paare dazu, klar zwischen Mein und Dein zu trennen. Die Gütertrennung soll schützen, was sich jeder aufgebaut hat. Aber sie verkleinert den Handlungsspielraum und schmälert das Wir-Gefühl.

Letztlich stärkt Paare das, was sie gemeinsam bewältigen. Aus den besonderen Herausforderungen der Zweitbeziehung ergeben sich häufig auch ihre besonderen Chancen.

Erstens: Die meisten »Zweitfrauen« müssen arbeiten, ob es ihnen gefällt oder nicht. Dafür finden sich in Zweitbeziehungen aber besonders viele gleichberechtigte Paare, bei denen beide Partner je nach Können, Lust und Situation in allen Ressorts mitmischen: Job, Erziehung, Haushalt. Psychologen halten solche Peer-Couples gerade in der Lebensmitte für das Erfolgsmodell unter den Beziehungsformen.

Zweitens: Seine Töchter und ihren Sohn unter einen Hut zu bringen, ist alles andere als leicht. Aber dafür kümmern sich Väter in Zweitfamilien mehr um ihre Kinder als Väter in Erstfamilien.

Drittens: Zweitpaare können den Schatten der Vergangenheit nur selten ganz entkommen. Zum Ausgleich verfügen sie über mehr Ressourcen als die klassische Kleinfamilie: durch die Wiederheirat vergrößert sich das soziale System.

Viertens: Zweitpaare wissen zu schätzen, was sie aneinander haben. Sie sind von dem Gefühl getragen, eine kostbare zweite Chance bekommen zu haben.

Fünftens: Ob mit Kindern oder ohne, Zweitpaare schleppen eine Menge emotionales Gepäck mit sich herum. Aber ihre Liebe ist so frisch und hoffnungsvoll, wie es sich Paare, die schon Jahre und Jahrzehnte zusammen sind, manchmal für sich wünschen würden.

Das seltsame Paarungsverhalten der Over-Forties

Das Liebesleben ab vierzig hat seine Tücken. Das Leben ohne Liebe auch. »Seien wir realistisch«, sagt Juliane, die karrierebewusste Arbeitsrechtlerin, in gewohnter Geradlinigkeit, »als Frau über vierzig findest du leichter ein Diamantkollier in der S-Bahn als einen Mann, der noch zu haben ist.« Juliane ist 48, attraktiv, unterhaltsam, nett, eine echte Solistin, die heute ihre Unabhängigkeit schätzt und sich morgen nach einem Partner sehnt, dem sie nicht zu erklären braucht, wo die Saftpresse steht. Nach ihrer Scheidung vor zehn Jahren hat sie sich gut mit dem Alleinleben arrangiert. Aber wie die meisten Singles mittleren Alters hält sie eine Paarbeziehung für die ideale Lebensform. Natürlich nicht irgendeine. Eine schöne, romantische, vertraute, eine, in der die Funken sprühen und man ehrlich miteinander redet und sich nah ist, ohne sich einzuengen.

Leider ist dieses Glück so leicht nicht zu finden. Ein Blick in die Heiratsannoncen offenbart das Dilemma. »Attraktiver, jugendlicher Mann 57/180 sucht Dich bis 45, anziehend, einfühlsam, unabhängig und mit gleicher Sehnsucht nach einem Wir«, so oder ähnlich lautet sie, die Spezifikationsanforderung der Männer in den besten Jahren, die Juliane mit links erfüllte, wäre da nicht die ärgerliche Altersfrage. Anscheinend besitzt eine ebenbürtige Partnerin für Männer mit Bauch und grauen Haaren die Anziehungskraft eines Pentium-III-PCs mit 500 Megahertz Taktfrequenz.

Der Partnermarkt ab vierzig ist ausgedünnt, für Frauen wie für Männer: Je älter ein Mann oder eine Frau ist, desto mehr Gleichaltrige und Ältere sind bereits vergeben, desto bessere Chancen haben jüngere Partner. Männer über vierzig beeinträchtigt diese Einschränkung kaum. Jedenfalls, sofern sie einigermaßen anziehend und erfolgreich sind. Neben den starken, lebensklugen, ungefähr gleichaltrigen Frauen bietet der Markt jüngere in allen Altersstufen und für jeden Geschmack: kluge und dumme. Herausfordernde und pflegeleichte. Solche mit Vaterkomplex und solche, die fertige Männer lieber mögen als grüne Jungs. Was sind schon zehn Jahre Unterschied? Oder 15? Oder 25? Irgendwas geht immer.

Für gescheite, gut aussehende Frauen ab vierzig gelten andere Bedingungen. Das liegt zum Teil daran, dass es zwischen männlichen und weiblichen Singles mittendrin im Leben bemerkenswerte soziale Unterschiede gibt: Während bei den Frauen hauptsächlich Akademikerinnen und Gutverdienerinnen allein leben, haben Männer ohne Partnerin überproportional häufig einen niedrigen Bildungsstand und ein dementsprechend geringes Einkommen.

Es gibt aber noch einen weiteren Unterschied: Für Frauen spielt knackige Frische nicht die herausragende Rolle wie für gleichaltrige Männer. Der Mensch fürs Leben, meinen Frauen, muss ein paar Qualitäten mehr aufweisen als der Salat fürs Abendessen: Vergangenheit sollte er haben, allerdings keine, die die neue Liebe stört. Ein interessanter Job ist ein Plus, ein souveräner Auftritt auch. Zuhören sollte er können und möglichst kein Langweiler sein, ein halbwegs vernünftiger Geschmack in Sachen Kleidung und Einrichtung wäre gut, und nie, wirklich nie, darf er Frauen, ganz gleich welchen Alters, als »Mädels« bezeichnen. Dafür kann er ruhig ein bisschen älter sein als man selbst, zwei, drei Jahre oder so, auch fünf oder sieben sind okay, mehr lieber nicht, denn schließlich haben Männer nach wie vor eine um sechs Jahre kürzere Lebenserwartung als Frauen und stellen sich oft schon bei einem mittelschweren Schnupfen recht wehleidig an. Bei Geschiedenen, Verwitweten und Alleinerziehenden kommt erschwerend hinzu: Die Kids müssen ihn cool finden oder wenigstens ganz okay.

Fassen wir zusammen: Weibliche Singles ab vierzig wünschen sich in der Regel einen intelligenten, kultivierten Gefährten, mit dem sie irgendwann gemeinsam alt werden. Leider zieht es die passenden Männer eher zu viel jüngeren Frauen hin, neben denen sie sich wie neugeboren fühlen. Der Beziehungsmarkt für Frauen ab fünfunddreißig ist deshalb kompliziert. Angebot und Nachfrage passen nicht zusammen. Ganz so leergefegt, wie Juliane an ihren schlechten Tagen zu wissen glaubt, ist er allerdings nicht.

Und er passt doch

Für Frauen ab vierzig erfüllt der ideale Partner die Formel »älter, größer, erfolgreicher«. Diese Vorliebe zeichnete uns schon mit vierzehn aus. Erinnern Sie sich? Ein Freund aus einer höheren Klasse, wow. Einer aus dem gleichen Jahrgang, ging so. Einer aus der Klasse unter uns, peinlich. Leider flirten die Männer, die wir für passend erachten, die grauschläfigen, dynamischen, kulturell interessierten, mit zunehmendem Alter bevorzugt ganz junge Frauen an. Oder sie sind treu verheiratet. Oder liiert. Oder Restposten.

Stopp. Wie alle Vorurteile enthält zwar auch dieses einen wahren Kern. Aber eingefahrene Denkschemata verengen den Blick. Es wäre schade, wenn die Liebe daran scheitern würde, weil jemand auf den ersten Blick nicht ins Raster passt: weil er zu jung ist oder zu alt oder schon zweimal geschieden oder drei Zentimeter zu klein oder weil er sächselt oder bayerisch spricht oder fast kahl ist, obwohl man selbst so gern ganz kurz geschnittene Borsten unter den Händen spürt. Zum Erwachsenwerden in Sachen Liebe gehört auch, über die Spezifikationskriterien der frühen Jahre hinauszuwachsen. Wer erst mal abwartet und zuhört statt abzuchecken und auszusieben, findet vielleicht nicht gleich den Mann fürs Leben. Aber einen zum Verlieben allemal.

Unkonventionalität ist ihre Stärke

Die gesellschaftliche Akzeptanz von Singles hat sich zum Glück enorm verbessert. Aber soziologische Studien zeigen: Ein bisschen mehr gelten Paare immer noch. Singles sind es deshalb gewohnt, gegen den Strom zu schwimmen, eigenständig zu denken und einen Tick anders zu leben als die anderen. Ihre Lebensvorstellungen beschränken sich nicht auf das normierte Glück, mit dem die Bausparkassen werben. Als Trendsetter in Sachen Lebensführung sind sie auch in der Liebe reif für Lebensmodelle, die zwar akzeptiert, aber noch längst nicht Standard sind.

Sehen Sie über das Alter hinweg

Gegensätze ziehen sich an. Ältere Männer sind fasziniert von jüngeren Frauen. Weil sie frech sind und frisch. Jüngere Männer mögen ältere Frauen. Weil sie aufregend sind und ausdrucksstark. In den USA ist bereits jeder fünfte Ehemann erheblich jünger als seine Frau. »Jüngere Männer sind vom Selbstvertrauen und der Ausstrahlung der reifen Frau fasziniert. Solche Verbindungen laufen harmonischer und dauerhafter, als allgemein angenommen«, sagt der US-Psychologe Jan Sinnott von der Towson State University in Baltimore. Prominentes Beispiel: Oscarpreisträgerin Geena Davis ist in zweiter Ehe mit dem 13 Jahre jüngeren Chirurgen Reza Jarrahy verheiratet. Das Paar hat zusammen drei Kinder. Der Vorteil der Alterskonstellation: Ehen, in denen der Mann jünger ist, sind fast immer partnerschaftlich angelegt. Das Liebesleben verläuft oft intensiver als in Beziehungen, in denen der Mann älter, aber dafür halt auch müder ist. Wenn Frauen obendrein darauf verzichten, den Altersunterschied zum Dauerthema zu machen, steht der Liebe nichts im Weg. Eine Haltbarkeitsgarantie bietet keine Alterskonstellation.

Beurteilen Sie den Menschen, nicht den Job

Männer suchen in der Beziehung nach Schönheit, Frauen nach Status. So sind wir von der Natur gepolt. Der Arterhaltung zuliebe. Deshalb heiraten Oberärzte Krankenschwestern, aber Architektinnen nur selten Installateurmeister. Die Haltung ist richtig, wenn man einen Mann zum Repräsentieren sucht. Aber wenn man sein Geld selbst verdient und sich einen Partner für Alltag, Bett und Urlaub wünscht, zählt die Chemie mehr als Cash und Titel. Auch wenn langjährige Freunde sich wundern, dass der Neue lieber Pizza isst als Petersfisch.

Ergreifen Sie die Initiative

Viele Solistinnen kommen mit ihrem Leben blendend zurecht. Aber dass sie gern wieder einen Partner hätten, darüber sprechen sie nur unter Freunden. Auch nach Jahrzehnten frauenbewegter Emanzipation wäre es ihnen lieber, die neue Liebe fiele einfach so vom Himmel. Das ist der romantische Weg.

Realistische verkünden offen, dass sie auf der Suche sind. Der Familie. Den Freunden. Den Kollegen. Den Nachbarn. Selbstverständlich selbstbewusst: »Ich hätte jetzt gern wieder eine neue Beziehung. Haltet ihr für mich die Augen offen?«

Die Freundin einer Freundin ist so vorgegangen. Ein gutes Jahr lang wurde sie zu allen möglichen Geburtstagsfeiern, Fondueabenden, Straßenfesten, Polterabenden und Essen mit ausländischen Geschäftspartnern eingeladen. Ihr Bekanntenkreis erweiterte sich exponentiell. Seit vier Monaten ist sie mit Frank liiert, dessen Frau vor einigen Jahren gestorben ist. Beate lernte ihn über den Bruder einer Kollegin bei dessen Hauseinweihungsfete kennen. Franks Töchter mauern zwar noch. Aber ihr Widerstand beginnt zu bröckeln.

Flirten Sie im Internet

Eine Erfolgsgeschichte mit unerwartetem Ausgang kenne ich von Isabella, die ihren PC noch vor einem Jahr als nutzlose Investition betrachtete. Bis ein Freund sie auf die Idee brachte, sich bei einer Online-Partneragentur anzumelden. Danach war Isa ein halbes Jahr lang für die Welt verloren. Sie verbrachte ihre Freizeit in den Chatrooms des Internets und am Telefon im Gespräch mit den Männern, die sie dort kennen lernte. Die Auswahl war erstaunlich. Ein Biotechnologe war dabei, ein Öko-Bauer, ein Pressereferent, ein Vertriebsmanager und ein Kinderarzt, alle zwischen Anfang vierzig und Mitte fünfzig. Mit etlichen Männern hat Isa sich inzwischen getroffen, mit zweien hatte sie eine kurze Beziehung, mit einem anderen geht sie regelmäßig ins Kabarett. Dabei begriff sie, was sie bisher nicht wusste: Es fällt ihr schwer, sich auf eine Dauerbeziehung einzulassen. Sobald ein Mann einen gemeinsamen Urlaub vorschlägt oder möchte, dass sie seinen kleinen Sohn kennen lernt, zieht sie sich zurück. »Einerseits wünsche ich mir wieder eine richtige Partnerschaft, andererseits habe ich Angst, mich aufzugeben.« Aber sie ist zuversichtlich wie lange nicht mehr: »Wenn ich soweit bin, findet sich auch der passende Partner.« Die Zahlen sprechen dafür: Nach einer für die deutschen Internet-Nutzer repräsentativen Emnid-Umfrage lernten acht Prozent der Befragten ihren derzeitigen Partner online kennen.

Hauptsache Gesundheit
Über Lebensstil, Master Survivors und Extrahormone

»Die schönsten drei Worte lauten heute nicht mehr: ›Ich liebe dich‹, sondern: ›Es ist gutartig!‹«, philosophiert Woody Allen in der Filmkomödie *Harry außer sich*. Ab vierzig braucht man kein Hypochonder zu sein, um den Satz genial zu finden. Es reicht schon, wenn man einmal fünf Tage lang auf ein Biopsieergebnis warten musste. Oder sich auf den eigenen Atem konzentrierte, während die Brust zwischen zwei Glasplatten gequetscht wurde. Oder panisch den Rettungsdienst alarmierte, weil dem liebsten Mann von allen der Kreislauf wegsackte. Ab vierzig ist Gesundheit ein Thema. Wenn meine Mutter die allwöchentlichen Empfehlungen der Fernsehärztinnen an mich weiterreicht, deren Sendungen sie grundsätzlich nie verpasst, finde ich das neuerdings durchaus ganz interessant. Ab vierzig beginnt man zu begreifen, was man bis vor kurzem ignorierte: Wenn man jetzt nicht endlich anfängt mit dem bewussten, gesunden, disziplinierten Leben, vergeudet man Lebenslust und -jahre. In diesem Kapitel erfahren Sie, wie Sie Ihr gefühltes Alter vermindern können.

Wie jung sind Sie wirklich?

Mit dem biografischen Alter müssen wir leben, das biologische können wir um viele Jahre senken. Dutzende wissenschaftlich erwiesener Verhaltensweisen erlauben uns, die Uhr zurückzudrehen. Ohne Fettabsaugen, Knoblauchpillen und den Verzicht auf alles, was gut schmeckt. Sondern, zum Beispiel, mit Fisch und Olivenöl, Sex und Entspannung und ein paar anderen angenehmen Gewohnheiten. Je bewusster Sie schon jetzt leben, desto jünger sind Sie, verglichen mit denen, die wenig oder gar nichts für sich tun. Der Anti-Aging-Experte Dr. Michael F. Roizen, Leiter des Medical Center der University of Chicago, hat einen Test entwickelt, mit dem Sie Ihr biologisches Alter feststellen können.

Kreuzen Sie bei jeder Frage die Antwort an, die am ehesten für Sie zutrifft.

Frage 1

Wie oft frühstücken Sie?

- Mehr als fünfmal pro Woche –0,5
- Zwei- oder dreimal pro Woche +0,5
- Weniger als zweimal pro Woche +1

Frage 2

Wie oft essen Sie Obst und Gemüse?

- Fünf Portionen täglich –1
- Zwei bis drei Portionen täglich –0,5
- Selten oder nie +1

Frage 3

Wie viel Alkohol trinken Sie?
(1 Getränk entspricht zum Beispiel einem Achtel Wein, 0,33 l Bier oder 0,06 l Cognac)

- Mehr als 2 Gläser täglich +1,5
- Selten oder nie 0
- 1 bis 2 Glas täglich –0,5

Frage 4

Wie oft essen Sie Fleisch oder Wurst?

- Mehr als zweimal pro Woche +0,5
- Ein- oder zweimal pro Woche 0
- Nie oder weniger als einmal pro Woche –1

Frage 5

Rauchen Sie?

■ Ja, seit mehr als zehn Jahren	+3
■ Ja, seit weniger als zehn Jahren	+2
■ Nein	–3
■ Nicht mehr seit 3 bis 5 Jahren	–1,5
■ Nicht mehr seit 1 bis 3 Jahren	0

Frage 6

Wie hoch ist Ihr Blutdruck?

■ Normal (120 : 80)	–2
■ Leicht erhöht (140 : 90)	+1
■ Stark erhöht (ab 150 : 95)	+3

Frage 7

Sind Sie zum Passivrauchen gezwungen?

■ Nein	0
■ 0 bis 1 Stunde am Tag	+1
■ 1 bis 3 Stunden am Tag	+2
■ Mehr als 3 Stunden täglich	+3

Frage 8

Leiden Sie unter Zahnfleischerkrankungen?

■ Nein	–2
■ Zahnfleischentzündung	+0,5
■ Parodontose	+2

Frage 9

Wie hoch ist Ihr Body-Mass-Index?
(Die BMI-Formel: Gewicht in Kilo, geteilt durch Größe in Metern zum Quadrat)

■ 19 bis 25	–0,5

- 26 bis 28 +2
- 28 und mehr +3

Frage 10

Wie stark haben Sie seit dem 18. Lebensjahr zugenommen?

- Nichts oder weniger als 7 Kilo 0
- Zwischen 7 und 15 Kilo +1
- Über 15 Kilo +2,5

Frage 11

Wie oft treiben Sie übers Jahr gesehen Sport?

- nie +2
- einmal pro Woche 0
- zwei- bis dreimal pro Woche –1
- fünfmal pro Woche –2

Frage 12

Wie lange schlafen Sie durchschnittlich pro Nacht

- Mehr als 8,5 Stunden +1,5
- Weniger als 6,5 Stunden +1
- 6,5 bis 7,4 Stunden –1 (Frauen) +0,5 (Männer)
- 7,5 bis 8,5 Stunden 0 (Frauen) –0,5 (Männer)

Frage 13

Wie oft haben Sie Kontakt zu Freunden, Verwandten, Bekannten?

- Mindestens siebenmal im Monat –1,5
- Mindestens dreimal im Monat –1,0
- Zweimal –0,5
- Einmal 0
- Nie +2

Frage 14

Wie alt wurden Ihre Großeltern?

■ Alle 4 älter als 75	–1,0
■ 3 älter als 75	–0,5
■ 1 oder 2 älter als 75	0
■ Keiner älter als 75	+1,5

Frage 15

Haben sich Ihre Eltern scheiden lassen?

■ Ja, vor Ihrem 21. Geburtstag	+3
■ Ja, nach Ihrem 21. Geburtstag	0
■ Nein	–0,5

Frage 16

In welcher Beziehungsform leben Sie zur Zeit?

	Frauen	Männer
■ Glückliche Partnerschaft	–0,5	–1,5
■ Single	0	+3
■ Verwitwet	+1	0
■ Geschieden	+2	+1

Frage 17

Wie viele Personen leben in Ihrem Haushalt?

■ Vier bis sechs	–0,5
■ Drei	0
■ 2 oder 7	+0,5
■ eine (Sie)	+1,5

Frage 18

Welchen Schulabschluss haben Sie?

■ Hochschulabschluss	–0,5
■ Abitur	0

- Realschulabschluss +0,5
- Hauptschulabschluss +1

Frage 19

Wie zufrieden sind Sie mit Ihrem Sexleben?

- Sehr zufrieden –1,5
- Zufrieden –0,5
- Unzufrieden +0,5
- Die Partnerin ist untreu, der Partner geht fremd +2

Frage 20

Entspricht Ihr Lebensstil eher dem einer jüngeren Altersgruppe? (Zum Beispiel: Ihre Kinder sind noch klein. Oder: Sie leben oder arbeiten in einem Umfeld, in dem die meisten zehn, fünfzehn Jahre jünger sind als Sie. Oder: Sie arbeiten in einer jungen, kreativen Branche.)

- ja –1
- nein 0

Frage 21

Wie viele belastende Erlebnisse mussten Sie im letzten Jahr bewältigen? (Zum Beispiel: schwere Krankheit oder Todesfall in der Familie, Scheidung, Jobverlust, Berufswechsel, Insolvenz, finanzielle Probleme)

- keine 0
- eines +1
- zwei +2
- drei +3

So berechnen Sie Ihr biologisches Real Age

Addieren Sie alle Pluspunkte und ziehen Sie dann die Minuspunkte ab. Multiplizieren Sie das Ergebnis mit dem altersabhängigen Multiplikationsfaktor: *25 bis 39 Jahre:* 0,3. *40 – 49 Jahre:* 0,4. *50 – 59 Jahre:* 0,5. *60 – 69 Jahre:* 0,6. Sie erhalten als Ergebnis eine positive oder negative Zahl, die Sie zu Ihrem Lebensalter addieren beziehungsweise davon subtrahieren. Heraus kommt Ihr aktuelles biologisches Alter.

Ein Hinweis: Dieser Test ist eine Kurzversion des von Roizen entwickelten, erheblich umfangreicheren Online-Tests. Werten Sie das Testergebnis deshalb als Orientierungshilfe, nicht als absolute Größe. Den vollständigen Originaltest finden Sie, allerdings in englischer Sprache, im Internet unter www.realage.com.

Wie das Leben von heute das von morgen bestimmt

Immer deutlicher zeichnet sich ab: Lebenslust und -jahre sind nur zu ungefähr 30 Prozent genetisch bestimmt. Zu 70 Prozent entscheidet die Lebensführung, wie lang wir leben und wie jung wir uns dabei fühlen: was wir essen, wie lang wir schlafen, wie viel wir uns bewegen, welchen Stress wir uns aufladen, ob wir uns im Auto anschnallen, welche inneren Kraftreserven wir besitzen, ob wir Warnsignale des Körpers abklären oder ignorieren. Nicht Pillen machen uns ab vierzig jünger und gesünder. Sondern der Wille, viele kleine alltägliche Entscheidungen zugunsten der Gesundheit zu treffen.

Selbst Krebs und Herzinfarkt, die Killerkrankheiten, die wir ab vierzig zu fürchten lernen, kommen ja nur scheinbar aus dem Nichts. Beide werden durch Bewegungsmangel, falsches Essen und Tabak- und Alkoholkonsum begünstigt. Wie sehr, lässt sich schwer sagen. Aber nach einer im August 2003 in der US-Fachzeitschrift *Journal of the American Medical Association (JAMA)* abgedruckten Studie sind lediglich zehn Prozent der Herztodesfälle genetisch bedingt und damit unabwendbar.

Zugegeben: Wissenschaftliche Untersuchungen sind anfechtbar. Gerade bei multifaktoriellen Krankheiten wie Krebs, Schlaganfall, Herzinfarkt oder Diabetes, bei denen ein Risikofaktor zum anderen kommt, lässt sich zu fast jeder Studie eine Gegenstudie anführen. Umso überzeugender finde ich die Tatsachen, die das Leben schreibt. Der Bostoner Wissenschaftler George E. Vaillant ist ihnen nachgegangen.

Vaillant leitet seit über 30 Jahren die *Harvard Study on Adult Development*, eine 1938 begonnene Langzeitbeobachtung an 824 Männern und Frauen. Seit den vierziger Jahren unterziehen sich die Teilnehmerinnen und Teilnehmer regelmäßig einer medizinischen Untersuchung und geben Auskunft über ihre psychosozialen Lebensumstände. Seitdem die befragten Teilnehmer in die Jahre gekommen sind, zeichnet sich ab: Die Glücklich-Gesunden unter ihnen strafen das Bild vom traurigen Alter Lügen. Im Gegensatz zu den Freudlos-Kranken sind sie auch mit 70 und 80 Jahren fit genug, das Leben voll auszukosten. Die Grundlagen dafür legten Vaillants *Master Survivors* durch ihren Lebensstil ab vierzig:

- 97 Prozent rauchten nie oder gaben das Rauchen spätestens mit 45 auf.
- 100 Prozent tranken wenig Alkohol.
- 80 Prozent lebten in einer glücklichen Partnerschaft.
- 85 Prozent bewegten sich regelmäßig.
- 95 Prozent hatten Normalgewicht.
- 67 Prozent verfügten über reife Bewältigungsstrategien: Sie nahmen das Positive in ihrem Leben dankbar wahr und packten Schwieriges vorausschauend, aktiv und humorvoll an.
- Ein Großteil von ihnen hatte ein Studium erfolgreich abgeschlossen.

Wie fit und aktiv sich jemand mit siebzig plus fühlen wird, lässt sich somit an dem Leben ablesen, das er ab vierzig führt.

Nicht, dass Gene, Unfälle, familiäre Vorbelastung oder Giftstoffe für die Gesundheit und Lebenserwartung unwichtig wären. Nicht, dass Anti-Aging-Hormone, Age-Scans oder Fischölkapseln nichts brächten. Nur unterschätzen wir oft, mit welch unspektakulären Mitteln sich die körperliche Gesundheit und damit die gewohnte Lebensqualität aufrechterhalten lassen. Im Grunde wissen wir längst, wie Gesundsein geht – wir setzen unser Wissen nur nicht oder nicht konsequent genug um.

Die sieben besten Verjüngungsstrategien

Zwischen vierzig und fünfzig funktioniert der Körper bei den meisten ähnlich befriedigend wie vor zehn oder zwanzig Jahren – auch dann, wenn man der Gesundheit bisher wenig Beachtung schenkte. In aller Deutlichkeit offenbart sich der Unterschied zwischen Bewusst-Leben und Achtlos-Dahinleben erst im höheren Alter.

Von Vaillants Studienteilnehmern, die mit fünfzig fünf oder sechs Schutzfaktoren für sich verbuchen konnten, gehörten mit achtzig gut die Hälfte zur Gruppe der Glücklich-Gesunden. Von den Teilnehmern, die mit fünfzig kerngesund waren, aber weniger als vier Schutzfaktoren vorzuweisen hatten, erreichte *kein einziger* diese hohe Lebensqualität: Entweder sie waren bereits tot oder sie gehörten der Gruppe der Freudlos-Kranken an. Wer im hohen Alter gesund sein möchte, muss rechtzeitig die Grundlagen dafür schaffen.

Verzichten Sie auf Nikotin

Die Erkenntnis ist nicht neu. Raucher subtrahieren nicht nur Jahre vom Leben, sondern auch Leben von den Jahren. Sie altern schneller, fühlen sich schlapper, sehen schlechter aus und sterben statistisch gesehen zehn Jahre früher als Nichtraucher. Die *Harvard Study on Adult Devolopment* ergab: Wer bis fünfzig nicht rauchte, hatte beste Chancen, auch jenseits der siebzig ein aktives, interessantes Leben führen zu können. Starke Raucher gehören zehn Mal öfter der Gruppe der früh Verstorbenen an als der Gruppe der Master Survivors. Immerhin: Für die Über-40-Jährigen von heute ist noch nichts verloren. Wer bis fünfundvierzig das Rauchen einstellt, steht mit siebzig gesundheitlich ähnlich gut da wie ein Nie-Raucher. Sofort sichtbarer Nebeneffekt: Man wirkt frischer und jünger.

Spinnen Sie Stroh zu Gold

Als zweitwichtigsten Indikator für erfolgreiches Älterwerden machte Vaillant gute Bewältigungsstrategien aus. Wer ab vierzig die Kunst verfeinert, aus Limonen Limonade zu machen statt aus jeder Mücke einen Elefanten, ist zwar mit siebzig nicht unbedingt gesünder als andere. Aber wie man eine Situation wahrnimmt, ist für das Wohlbefinden wichtiger, als wie sie wirklich ist. Deshalb fühlen sich zum Beispiel chronisch Kranke, die das Beste hoffen, subjektiv gesünder als Patienten, die das Schlimmste befürchten.

Genießen Sie Alkohol in Maßen

42 000 Menschen sterben in Deutschland jährlich an den direkten oder indirekten Folgen von Alkoholkonsum – vom Autounfall unter Alkoholeinfluss bis zur Leberzirrhose. Gedankenlos konsumiert zerstört Alkohol Beziehungen, Lebensentwürfe und Menschenleben. Einerseits.

Andererseits zeigen viele Studien: Ein, zwei Gläser Rotwein täglich können das Altern der Arterien verlangsamen und das Herzinfarktrisiko senken. Erwiesen ist auch: Menschen mit mäßigem Alkoholkonsum leben länger und sind seltener krank als Abstinenzler. Das liegt allerdings weniger an der gesundheitsfördernden Wirkung von Pinot Grigio und Piña colada als an der Lebenseinstellung: Während Personen, die gern mal ein Glas trinken, zumeist der Gruppe der erfolgreichen Genießer angehören, beschreiben sich Totalabstinente häufig als kontaktarm und pessimistisch.

In kleinen Mengen genossen tut Alkohol uns also durchaus gut. Für risikoarm halten die Wissenschaftler der Deutschen Gesellschaft für Ernährung (DGE) bei Frauen 10 Gramm reinen Alkohol am Tag, bei Männern 20 Gramm. 10 Gramm Alkohol sind zum Beispiel in einem Achtel Wein, einem kleinen Glas Bier oder einem doppelten Korn enthalten. Jedes Mehr kann gesundheitliche Probleme verursachen.

Genießen Sie die Zweisamkeit

Paare, denen es zusammen gut geht, leben länger und bleiben länger jung. Laut Roizen sind glücklich Verheiratete biologisch um bis zu 6,5 Jahre jünger als unverheiratete Altersgenossen. Besonders Männer profitieren von einer engen, glücklichen Beziehung auch gesundheitlich. Auf Frauen wirkt sich die Ehe deutlich weniger verjüngend aus. Ein Grund dafür dürfte die Rollenverteilung in der Ehe sein, ein anderer die Tatsache, dass Frauen oft über ein dichteres soziales Netz verfügen als Männer und emotionale Unterstützung nicht nur beim Partner finden. Erst ab fünfzig erweist sich die Ehe auch für Frauen als Jungbrunnen – dann übrigens noch stärker als für die Männer.

Kommen Sie in Bewegung

Susanne und Bernhard waren ein Paar wie viele im Bekanntenkreis: Bücherwürmer, Kinonarren, Theatergänger. Nur Bewegung, womöglich gar schweißtreibende, erschien ihnen als Zeitverschwendung. Kurz nach Susannes vierzigstem Geburtstag siegte dann doch die Vernunft: Weil der Taillenumfang zunahm und die Cholesterinwerte stiegen, gewöhnten sie sich an, regelmäßig nach dem Abendessen eine rasche Runde um den Block zu drehen. Aus dem zügigen Spaziergang wurden Halbtagestouren ins nahe gelegene Allgäu, aus den Halbtagestouren zweitägige Hüttenwanderungen. Wanderurlaube in Schottland und den Dolomiten folgten. Inzwischen steuern Susanne und Bernhard auf die fünfzig zu. Im nächsten Jahr planen sie eine Reise nach Nepal, zum Trekken zur Ostwand des Mount Everest.

Studien zeigen: Regelmäßige Bewegung senkt das Infarktrisiko, stärkt das Immunsystem, verhindert Übergewicht und beugt Osteoporose, Arthritis, Diabetes und Krebs vor. Hinzu kommt der psychologische Effekt: Das Training vermittelt das Gefühl, gezielt etwas für sich zu tun. Mindestens 2000 Kalorien wöchentlich sollte man laut Roizen durch Bewegung und Sport abbauen. Dabei zählt jede Form der Bewegung, vom Möbeltragen bis zum Marathonlauf. Als ideal gilt eine Mischung aus Alltagsaktivitäten wie Gartenarbeit oder Staubsaugen, Ausdauertraining wie Radfahren oder Inlineskaten sowie Kraft- und Beweglichkeitsübungen zum Beispiel mit Theraband und Hanteln.

Machen Sie eine gute Figur

Laut einer mittlerweile klassischen Studie des amerikanischen National Institute of Aging geht der Energieverbrauch des Körpers zwischen 30 und 80 um etwa 600 Kalorien zurück. Dafür gibt es drei Gründe: Erstens verbrennt der Körper bereits ab 30 weniger Kalorien, weil Muskelmasse durch Fettmasse ersetzt wird. Zweitens bewegen sich viele mit den Jahren immer weniger. Drittens rückt Essen mit zunehmendem Alter auf der Skala der Genüsse nach vorn. Kein Wunder, dass der Anteil der leicht und stark Übergewichtigen ab vierzig sprunghaft ansteigt. Bei den Männern sind gut die Hälfte der Über-40-Jährigen und mehr als zwei Drittel der Über-50-Jährigen zu schwer. Bei den Frauen steigt der Anteil der Übergewichtigen zwischen 35 und 50 Jahren von 29 auf 47 Prozent. Als übergewichtig gilt, wessen Body-Mass-Index über 25 liegt.

Unter zu viel Pfunden leidet nicht nur die Figur. Erhöhtes Körpergewicht erhöht auch das Krankheitsrisiko und beschleunigt den Alterungsprozess. Die meisten Mediziner sind sich einig: Wer es schafft, durch eine Kombination aus Bewegung und bewusster, kalorienreduzierter Ernährung einen Body-Mass-Index von 24 oder weniger zu halten, zögert das Auftreten typischer Alterserkrankungen wie Bluthochdruck, Herz-Kreislauf-Erkrankungen, Diabetes, Gicht, Gallensteine oder Gelenkerkrankungen um Jahre hinaus.

Lernen Sie nie aus

Bildung und lebenslanges Lernen erweisen sich als nicht zu unterschätzendes Gesundheitsplus.

- In Deutschland lebt ein Universitätsprofessor im Schnitt neun Jahre länger als ein ungelernter Arbeiter.
- In Wien beurteilten 1999 nur 55 Prozent der Frauen mit Pflichtschulabschluss, aber 85 Prozent der Hochschulabsolventinnen ihren Gesundheitszustand als gut.
- Nach einer Studie der Universität Duisburg-Essen mit 4800 Teilnehmern leben Frauen ohne Ausbildung im Schnitt mit 2,2 Risikofaktoren für Herz-Kreislauf-Krankheiten wie Übergewicht, Rauchen oder Bluthochdruck. Frauen mit Hochschulabschluss weisen dagegen durchschnittlich nur 1,1 Risikofaktoren auf. Bei den Männern beträgt das Verhältnis 1,9 zu 1,5.
- Aus der Harvard-Studie ging hervor: Teilnehmer mit College-Abschluss waren mit 80 so fit und gesund wie 70-Jährige ohne College-Ausbildung.

Bildungsunterschiede schlagen sich nicht nur im Einkommen, in der körperlichen Arbeitsbelastung und in der Bereitschaft nieder, ein Leben lang weiterzulernen. Formal höher Gebildete sind häufig auch besser über Gesundheitsfragen informiert und spüren einen hohen sozialen Druck, fit, schlank und leistungsfähig zu sein. Sie treiben häufiger Sport, wiegen und rauchen weniger, gehen öfter zur Vorsorge und können aufgrund ihres sozialen Status mit Ärzten auf gleicher Augenhöhe kommunizieren.

Anti-Aging, so die Trendforscher, wird der Megatrend unseres Jahrhunderts sein. Man muss nicht hellsehen können, um diese Entwicklung vorherzusagen. Bereits heute ist jeder zweite Deutsche über vierzig, und so gut wie jeder von ihnen wünscht sich genau das, was Monika Maron so trefflich beschreibt: »Natürlich will ich, was alle wollen: Ich will lange leben; und natürlich will ich nicht, was alle nicht wollen: Ich will nicht alt werden.«

Die Anti-Aging-Welle kommt uns also gerade recht. Um Altersprozesse zu bremsen, ist vielen nichts zu teuer und wenig zu riskant. Besonders Vitamine in Hochdosis und Hormone wie Östrogen, Testosteron, DHEA, Melatonin und das Wachstumshormon HGH gelten als Wunderwaffe gegen das Altern. Gute Laune sollen sie schenken, glatte Haut und glänzende Haare, Lust und Potenz, Muskelkraft und starke Knochen.

Während Vitaminpillen laut einer groß angelegten Studie der Universität Oxford zwischen 40 und 80 als ebenso unbedenklich wie überflüssig gelten, sind Hormontherapien leider nicht ganz ohne. Womöglich rufen wir damit Geister herbei, die wir später nicht mehr loswerden. Handeln uns Krebs ein in unserer Eitelkeit. Oder Venenthrombosen. Oder einen Herzinfarkt. Hormone sind ins Gerede geraten in letzter Zeit – nicht nur DHEA & Co., auch die seit Jahrzehnten alltäglichen Sexualhormone.

Jede zweite Frau zwischen 50 und 59 nahm sie bis vor kurzem ein, Frauen, die in einer Partnerschaft leben, häufiger als unliierte Singles, Akademikerinnen entschlossener als Nicht-Akademikerinnen. Das lässt den Schluss zu: Frauen schlucken, kleben und cremen Hormone nicht nur gegen Hitzewallungen und Osteoporose. Sondern auch, weil Hautrötungen und Stimmungstiefs nicht zum Bild der modernen Hochleistungsfrau passen, die im Job überzeugt, im Bett überrascht und beim Presseball glänzt.

Jetzt ist der Nimbus der Zaubermittel angekratzt. Im Sommer 2002 wurde die großangelegte Studie der Women's Health Initiative über die Hormonersatztherapie in und nach den Wechseljahren der Frau vorzeitig abgebrochen. Der Grund: Lebensbedrohliche Erkrankungen hatten im Verlauf der Untersuchung dramatisch zugenommen. Nach einer Beobachtungszeit von gut fünf Jahren waren bei den mit einer Kombination aus Östrogen und Gestagen behandelten Frauen Schlaganfälle um 41 Prozent gestiegen, Herzattacken um 29 Prozent und die Zahl der Brustkrebserkrankungen um 26 Prozent. Deshalb hält das Bundesinstitut für Arzneimittel und Medizinprodukte die Frauenärzte nun dazu an, die niedrigste wirksame Dosis zu verschreiben, und zwar höchstens so lange, wie der Nutzen bei der Linderung von Beschwerden die Risiken überwiegt.

Die Negativberichte über Hormone verunsichern, auch wenn der Gynäkologe kritische Nachfragen als mediengesteuerte Panik abtut und pflanzliche Alternativen belächelt. Gut möglich, dass er eine verlässliche Einnahmequelle wegbrechen sieht, gerade jetzt, wo ohnehin an allen Ecken und Enden gespart wird im Gesundheitswesen.

Hormone – ja oder lieber nicht oder unter welchen Umständen doch, das muss jede und jeder selbst für sich abwägen. Eine verlässliche Antwort darauf gibt es momentan nicht. Sicher ist nur eins: Hormone sind keine Wunderpillen, die man sich eben mal einwirft. Nach dem jetzigen Stand der Forschung sind Risiken und Nebenwirkungen nicht auszuschließen.

Anti-Aging? Aber natürlich!

Bekannt gemacht hat sich die Anti-Aging-Medizin mit Hormonkuren, Vitalstoffen und Faltenbehandlung – Lifestyle-Therapien, die ewige Jugend ohne endlosen Aufwand versprechen. Deshalb scheint es manchmal, als hätte sie all denen, die davor zurückschrecken, dem Körper ins Handwerk zu pfuschen, nicht viel zu bieten.

Das stimmt zum Glück nicht. Für moderne, ganzheitliche Anti-Aging-Mediziner erschöpft sich der neue Trend nicht in der Gabe von Hormonen und ästhetisch-kosmetischen Maßnahmen. Ihnen geht es vor allem darum, gesunde Menschen möglichst lang gesund zu erhalten. Die meisten Krankheiten der späten Jahre entstehen ja nicht von heute auf morgen, sie entwickeln sich über Jahre und Jahrzehnte. Herzinfarkt, Schlaganfall, Arthrose, Rheuma oder Diabetes sind »degenerative Krankheiten«, die eng mit dem Altern des Körpers verknüpft sind.

> *»Ich finde, so ein gepflegter Verfall – das hat was.«*
> HARALD SCHMIDT

An diesem Punkt setzt die Anti-Aging-Medizin an: Sie schreitet gegen die Alterungsprozesse ein. Bevor oder spätestens sobald sie einsetzen. Nicht erst, wie bisher meistens üblich, wenn sie bereits spürbare Schäden angerichtet haben. Die Stärkung von Gesundheit und Lebensqualität, das *caring*, steht dabei im Vordergrund, nicht der Kampf gegen die Krankheit, das *curing*. Eine besondere Rolle spielen die persönlichen Widerstandskräfte, die sich aus dem Zusammenspiel von Körper, Geist und Seele ergeben. Deshalb umfasst ein seriöser Anti-Aging-Behandlungsplan immer auch Stressmanagement, ein maßgeschneidertes Bewegungsprogramm und die Stärkung der persönlichen Ressourcen: vom planvollen Umgang mit Anforderungen bis hin zu einem erholsamen Schlaf und einer erfüllten Sexualität.

Im Grunde genommen ist Anti-Aging eine moderne Form der Präventionsmedizin. Vieles, was sie uns anbietet, gab es schon immer. Es präsentierte sich nur weniger attraktiv verpackt. Wellness, Fitness und Anti-Aging rücken das Denken und Handeln für die Gesundheit in ein neues Licht. An die Stelle der vielen Ge- und Verbote, die die Sorge ums Gesundbleiben verleiden, tritt das *personal health management*. Anti-Aging ermutigt, sich das Leben so einzurichten, dass es einem physisch und psychisch gut geht.

Dahinter steht die Erkenntnis: Gedanken, Gefühle und Lebensumstände beeinflussen das Wohlbefinden viel stärker als gemeinhin angenommen. Besonders deutlich zeigt sich das am Erleben der Wechseljahre: Biologisch passiert in der Menopause bei allen Frauen das Gleiche – der Östrogenspiegel stürzt im freien Fall. Wirklich davon beeinträchtigt aber fühlt sich nur ein Drittel der Frauen. Nach einer Studie der Psychologin Dr. Beate Schultz-Zehden vom Institut für Medizinische Psychologie an der Freien Universität Berlin haben zwei Drittel der Frauen überhaupt keine oder nur leichte Hitzewallungen. Über die Hälfte schläft auch in den Wechseljahren nicht schlecht, drei Viertel kennen depressive Verstimmungen allenfalls als Alltagsblues.

Besonders gut mit der Menopause kamen die Frauen zurecht, die ihren Körper wertschätzten, mehrmals pro Woche Sport trieben und Sex mit 52 so lustvoll genossen wie mit 25 – starke Frauen, die sich selbstbewusst im Job, in der Familie, in der Gesellschaft einmischten und einbrachten. Am meisten unter den Wechseljahren litten Frauen, deren Gedanken hauptsächlich um Aussehen und Gesundheit kreisten, die es allen recht machen wollten und die schon im Vorfeld Angst vor dem Klimakterium und dem Älterwerden geäußert hatten.

Persönliche Gesundheitsquellen entdecken

Sie selbst wissen am besten, was Ihnen Kraft gibt und gut tut. Ein Arzt kann zwar Diagnosen stellen und Empfehlungen aussprechen. Aber gesund zu bleiben oder zu werden, erfordert mehr, als Risiken zu meiden. Die folgenden Denkanstöße helfen, die eigenen Kraftquellen zu erschließen.

- Wie können Sie sich am besten entspannen? Mit Yoga? Mit Musik? Beim Kochen? Bei der Gartenarbeit? Beim Spinning?

- Welche Speisen und Getränke tun Ihnen besonders gut? Gibt es Lebensmittel, die Sie bevorzugt essen, wenn Sie sich ausgepowert oder krank fühlen?
- Welche Rituale helfen Ihnen, gut zu schlafen?
- Was tun Sie gegen melancholische Anwandlungen und Stimmungstiefs?
- Planen Sie regelmäßige Erholungspausen ein? Über den Tag verteilt? Die Woche? Das Jahr?
- Haben Sie ein Hobby, in dem Sie aufgehen?
- Was ist Ihr Lieblingssport? Üben Sie ihn begeistert aus oder eher aus Vernunft?
- Wie zufrieden sind Sie mit den verschiedenen Bereichen Ihres Lebens? Partnerschaft? Familie? Job? Wohnen? Freizeit? Freunde? Welche Bereiche geben, welche kosten Kraft?
- Sind Sie religiös? Glauben Sie an eine höhere Macht, einen übergeordneten Sinn?
- Haben Sie Ihr eigenes Rezept, das Ihnen hilft, bei einer Erkältung oder Magenverstimmung rasch wieder auf die Beine zu kommen?
- Lachen Sie gern und oft?
- Wie muss ein Wochenende aussehen, damit Sie gestärkt in die neue Woche starten?
- Gibt es einen Ort in Ihrer Wohnung oder näheren Umgebung, an dem Sie sich besonders wohl fühlen?
- Welche Menschen in Ihrem Leben geben Ihnen Halt und Unterstützung?
- Nehmen Sie schwierige Situationen eher als ungerechtes Schicksal wahr oder als eine Herausforderung, die Sie selbst gestalten können?
- Sehen Sie eher zuversichtlich oder eher skeptisch in die Zukunft?
- Gehen Sie Ihren eigenen Weg? Bilden Sie sich Ihr eigenes Urteil? Verfolgen Sie Ihre Ziele? Sind Sie eher exzentrisch oder eher am Mainstream orientiert?

Wer viel testet, entdeckt viel

In uns hineinhorchen und auf unseren Körper hören, das können wir. In uns hineinzuschauen vermögen wir leider nicht. Deshalb erfreuen sich Midagers zwar in der Regel guter Gesundheit. Aber der Beschäftigung mit der Krankheit können sie sich von Jahr zu Jahr schwerer entziehen.

Der Grund liegt auf der Hand: Ab vierzig tut man diffuse Beschwerden nicht mehr so leicht als harmlos ab. Ab vierzig hat man schon mal erlebt, dass leichte Symptome Vorboten schwerer Leiden sein können. Ab vierzig gehören Wörter wie PSA-Test, Tumormarker und Knochendichte zum Grund- und Partywortschatz. Und der Rundum-Check zum guten Ton. Das große Blutbild. Das 24-Stunden-EKG. Das UCT. Die Mammografie. Die PSA-Bestimmung. Der Pap-Abstrich. Die Darmspiegelung.

Wer mal eine Runde auslässt auf dem Vorsorgekarussell, wer sich frivolerweise lieber zwei Kinokarten leistet statt den aus eigener Tasche zu bezahlenden Ultraschall, hat ein schlechtes Gewissen. Schließlich will man sich später nicht vorwerfen müssen, zu wenig für die Gesundheit getan zu haben.

Andererseits stellt sich durchaus die Frage, ob die zeit- und nervenraubenden Rundum-Untersuchungen nicht mehr schaden als nützen. Ab vierzig verlässt kaum ein Mensch die Arztpraxis so gesund, wie er sie zu betreten glaubte: Bei der einen sind es die Zysten an den Eierstöcken, bei der anderen die Gallensteine, beim dritten ist es der Blutdruck, beim vierten der auffällige Haemoccult-Test. Ehe wir uns versehen, geraten wir in den Sog einer Medizinindustrie, die sich die Diagnostik als lukrative Einnahmequelle erschlossen hat. Dagegen wäre nichts zu sagen – wenn wir als Patienten sicher wissen könnten, dass die allfälligen Vorsorgeuntersuchungen wirklich das Richtige für uns sind. Das aber kann momentan niemand gewährleisten.

Denn Vorsorge kann zwar Risiken aufdecken. Zum Beispiel das ungünstige Verhältnis von LDL- und HDL-Cholesterin. Und

Vorsorge kann Leben retten. Zum Beispiel, wenn ein bösartiger Knoten im Frühstadium erkannt wurde. Aber leider kann Vorsorge einem das Leben auch unendlich verleiden. Zum Beispiel durch Verunsicherung, falschen Alarm und Überdiagnosen.

Die Autoren Christian Weymayr und Klaus Koch sind in ihrem Buch *Mythos Krebsvorsorge* der Frage nachgegangen, welche Schäden die Krebsfrüherkennung in Sachen Lebensqualität anrichten kann.

»Unter 1000 Untersuchten wird am Ende das Leben von ein bis drei Darm- und Brustkrebskranken um eine gewisse Zeit verlängert«, schreiben die Autoren. »Den anderen, eigentlich gesunden 997 bis 999 Teilnehmern drohen Schäden.«

Gewebeproben und tage- oder wochenlange Panik nach einem auffälligen Befund sind dabei noch das Geringste. Zumal die wenigsten Ärzte Ängste relativieren und die Häufigkeit falsch positiver Befunde ansprechen. Von den Tumoren, die bei der Mammografie erkannt werden, erweist sich zum Beispiel nur einer von zehn tatsächlich als Brustkrebs.

Viel schlimmer ist es, wenn die Vorsorgeuntersuchung nicht das Leben verlängert, sondern das Leiden. Weil der Tumor schon unheilbar ist, wenn er beim Check-up entdeckt wird. Die Früherkennung verlegt in diesem Fall die Diagnose nur nach vorn. Ohne den pflichtbewussten Gang zum Arzt hätten die Betroffenen wenigstens noch eine Zeit lang unbeschwert leben können.

Darüber hinaus gibt es langsam fortschreitende Tumoren, die sich entweder nie bemerkbar machen oder so spät, dass die, bei denen sie diagnostiziert werden, nicht an ihrem Krebs sterben, sondern damit. Typische Beispiele dafür sind In-situ-Karzinome in den Milchgängen der weiblichen Brust und langsam wachsende Formen des Prostatakrebses. Weil man einem Krebs den Grad seiner Gefährlichkeit oft nicht ansieht, wird er aggressiv behandelt. Mit allem, was dazugehört. Die Betroffenen und ihre Familien leben von da an mit den Belastungen und Folgen möglicherweise überflüssiger Operationen und Therapien. Und der

Angst vor dem Rückfall. »Nichtwissen«, geben Weymayr und Koch zu bedenken, »kann auch ein Segen sein.«

Früherkennung ist richtig und wichtig. Unproblematisch ist sie nicht. Viele Untersuchungen gelten als veraltet, wissenschaftlich umstritten und wenig präzise. Ihr Nutzen ist oft niedriger, als die Zahlen glauben machen. Nehmen wir noch einmal das Beispiel Brustkrebs: Von 1000 Frauen zwischen 50 und 69, die alle zwei Jahre zur Röntgenreihenuntersuchung gehen, werden drei an Brustkrebs sterben. Ohne Mammografie sind es vier. Das ist damit gemeint, wenn es heißt, die Brustkrebs-Sterblichkeit könne um weitere 25 Prozent gesenkt werden, würden sich etwa drei Viertel der Frauen ab vierzig regelmäßig einer Mammografie unterziehen. Das persönliche Risiko jeder Teilnehmerin, an Brustkrebs zu sterben, würde sich durch das Screening um 0,1 Prozent reduzieren.

Zugegeben: Die Zahlen lügen nicht. Aber wie hoch oder niedrig man den Nutzen einer Untersuchung einschätzt, hängt eben doch stark von der mathematischen Darstellung ab.

Früherkennung ist ein zweischneidiges Schwert. Ihr Nutzen bleibt abzuwägen. Persönlich entscheide ich mich trotz aller Vorbehalte fast immer dafür. Das Thema ist zu komplex – und zu lebenswichtig, als dass ich mir Extratouren leisten wollte. Eines immerhin bewirkt der alljährliche Check-up ganz sicher: Er gibt mir das Gefühl, Verantwortung für meine Gesundheit zu übernehmen. Bei Freunden habe ich erlebt, wie wichtig es nach der Diagnose einer schweren Krankheit ist, sich sagen zu können, nichts versäumt zu haben.

Warum Frauen älter werden ...

Die Lebenserwartung steigt und steigt. Eine Konstante jedoch bleibt seit Jahren fast unverändert: Das schwache Geschlecht lebt statistisch etwa sechs Jahre länger als das starke. Die unterschiedliche Lebenserwartung von Frauen und Männern ist ein weltweites Phänomen, an dem bisher auch die rasant wachsende Gesamtlebenserwartung nichts ändern konnte.

Forscher erklären diesen alles andere als kleinen Unterschied mit einem Mix aus sozialen und biologischen Ursachen. Männer sind öfter als ihre Altersgenossinnen in tödliche Unfälle verwickelt, rauchen mehr, gehen seltener zur Vorsorge, essen ungefähr eineinhalb Mal so viel Fleisch und Wurst wie Frauen und deutlich weniger Obst und Gemüse und bringen in der Mehrzahl bereits zwischen dreißig und fünfzig etliche Pfund Übergewicht auf die Waage. Sie erkranken doppelt so oft wie Frauen an Darmkrebs, drei Mal so oft an Leberzirrhose und fünf Mal so oft an Herzinfarkt. Hinzu kommen hormonale Unterschiede. Deshalb sind Männer von Natur aus anfälliger für Infektionen und schlechter gegen kardiovaskuläre Erkrankungen geschützt.

Eine interessante Untersuchung des Bundesinstituts für Bevölkerungsforschung in Wiesbaden deutet nun darauf hin, dass Männer gut und gern vier bis fünf Jahre älter werden könnten: bei entsprechendem Lebenswandel. Der Demograf Marc Luy verglich die Sterblichkeitsdaten von über 11 000 Mönchen und Nonnen in bayerischen Klöstern von 1890 bis 1995. Das Ergebnis: Die Mönche starben nur ein bis zwei Jahre früher als die Nonnen, die ihrerseits genauso alt wurden wie Frauen außerhalb des Klosters. Das heißt: Wo Männer und Frauen unter fast identischen Verhältnissen leben, wo sich Ernährung und Tagesablauf gleichen und Kontemplation gefragt ist statt Konkurrenz, leben Männer zwar nicht ganz so lang wie Frauen. Aber doch fast.

… und Männer später alt

Männer können das Älterwerden ignorieren. Jedenfalls fürs Erste. Frauen nicht. Ihre Reproduktionsfähigkeit fällt ab vierzig steil ab. Ihr Ansehen hängt mehr als das der Männer mit dem Aussehen zusammen. Ihre Attraktivität ist stärker an Jugendlichkeit, Frische und Zartheit gebunden.

Diese Erfahrung tut erst mal weh. Aber langfristig bekommt sie uns gut.

Körperlich sowieso: Die meisten Frauen nehmen die ersten Anzeichen des Älterwerdens seismografisch wahr – und reagieren prompt. Fitness, Entspannung, Balance und gesunde Ernährung nehmen ab vierzig einen immer höheren Stellenwert ein. Mit ihren Anstrengungen, schön und fit zu bleiben, legen Frauen ganz nebenbei die Grundlagen für ein langes, gesundes Alter. Und zwar genau zu der Zeit, in der es sich am meisten lohnt: zwischen vierzig und fünfzig.

Auch seelisch ist es mittelfristig von Vorteil, dass Frauen den Veränderungen ab vierzig mutig ins Auge sehen müssen. Stimmt, wir sahen schon mal glatter und frischer aus. Aber nichts hindert uns daran, die schwindende Jugend durch Persönlichkeit, Intelligenz und Erfolg auszugleichen. Mit diesem Ziel vor Augen gelingt es immer mehr Frauen, über die Kränkungen des Älterwerdens zu triumphieren. Mit fünfzig haben dann viele bereits geschafft, was gleichaltrigen Männern meistens noch bevorsteht: eine neue reifere Version ihrer selbst zu finden. Viele Frauen fühlen sich um den 50. Geburtstag, so das Ergebnis einer im Auftrag der *Freundin* durchgeführten Studie, so gut wie nie zuvor.

Wie Männer älter werden und Frauen später alt

Für jede Alterskohorte gelten neue Rahmenbedingungen. Deshalb eröffnen sich uns bereits andere Möglichkeiten als unseren Vorgängern.

Männer ab vierzig sind heute eher bereit, in ihre Gesundheit zu investieren und das Älter- und Weiserwerden als Entwicklungsabenteuer zu begreifen. Die Trendsetter unter ihnen erkennen Fitness, Wellness und medizinisches Grund-Know-how als wichtige Erfolgsfaktoren. Diese Entwicklung ist so neu, dass sich ihre Wirkung noch nicht absehen lässt. Es steht aber zu vermuten: Je mehr Wert auch Männer schon mittendrin im Leben auf Gesundheit, Entspannung und einen fitten Körper legen, desto besser sind ihre Aussichten, künftig ähnlich lang zu leben wie ihre Altersgenossinnen.

Bei den Frauen ab vierzig zeichnet sich der Trend noch klarer ab. Sie sind biologisch jünger als alle Frauengenerationen vor ihnen: gesünder, fitter, selbstbewusster, unabhängiger. Natürlich büßen sie ab vierzig etwas von ihrem jugendlichen Aussehen ein. Aber immer mehr Frauen begreifen: Man muss nicht jung sein, um attraktiv zu wirken. Wer sich entwickelt und gut für sich sorgt und neu erfindet, hat gute Chancen, mit 47 oder 51 schöner und faszinierender auszusehen als mit 23 oder 34.

Gut möglich, dass wir verwirklichen werden, was die Generationen vor uns versäumten: dass Männer älter werden und Frauen später alt.

Vom Kukident zum Master Consumer
Über die Macht der Worte und die Bilder im Kopf

Ein Paar spaziert am Strand entlang. Könnte auf Sylt sein. Oder an der Ostsee. Es beginnt zu regnen. Während alle anderen hektisch zusammenpacken, lächelt die Frau ihrem Partner zu, streift Jacke, Hose und Pulli ab und sprintet, ihrem Mann voraus, nackt Richtung Meer. Einen Moment lang zoomt das Kameraobjektiv über Hüfte, Bauch und Schenkel. Die Konturen ihres Körpers sind nicht mehr ganz scharf. Ihr Gesicht ist mit Sommersprossen übersät, ihre Haar lang und dick und weiß. Im Wasser holt ihr Mann sie ein, drückt sie an sich, seine kurz geschorenen Haare glänzen silbern. Schnitt. Nach dem spontanen Bad wärmen sich die beiden in einem der verwaisten Strandkörbe auf. Attraktiv sehen sie aus, unkompliziert, vertraut und keinen Tag jünger als 60.

Die Zuschauerin, Mitte vierzig, ist fasziniert. Normalerweise rauschen Werbespots an ihr vorbei. Aber so erstrebenswert wird Ältersein nicht alle Tage in Szene gesetzt. Wahrscheinlich ein Spot für einen Lebensversicherer, tippt sie. Oder für eine Nobel-Automarke. Irrtum. *Doppelherz – die Kraft der zwei Herzen*, steht im Abspann. Ausgerechnet Doppelherz, den Mittleren hauptsächlich als taschengeldverträglicher Ausweg aus dem Was-sollen-wir-bloß-Oma-schenken-Dilemma bekannt, gibt dem Älterwerden einen neuen Anstrich.

Werbung wirkt

Zugegeben, die erfreulichen Bilder vom Sechzigsein dienen in erster Linie dazu, eine angegraute Marke neu zu positionieren. Ihre Ästhetik entspricht nur bedingt der gesellschaftlichen Wirklichkeit. Und wenn, dann der einer Mittel- und Oberschicht, die aufgeklärt und zahlungskräftig genug ist, um schöner zu altern, so wie sie schöner wohnt, schöner isst und schöner lebt. Obwohl die Akteure bei aller Attraktivität so alt aussehen, wie sie sind, bedienen sie den Traum von ewiger Jugendlichkeit. Freiheit. Lebensfreude. In-Bewegung-Sein. Lachfalten und graue Haare wirken interessant, der Verfall des Körpers bleibt ausgeklammert.

Werbung verzerrt die Wirklichkeit. Sie gibt das wahre Leben nicht eins zu eins wieder. Sie spart Unschönes aus und nährt Illusionen. Das mag man bedauern. Aber wir leben in einer Mediengesellschaft. Den Jüngeren erscheinen die geburtenstarken Jahrgänge der Babyboomers als demografische Zeitbombe. Das Rauschen im Blätterwald richtet sich gegen Frührentner, Herzzentren-Inanspruchnehmer und demnächst wohl auch gegen uns. Davon abgesehen: Es lebt sich leichter, wenn die Lebensphase, in der man sich gerade befindet, als interessant und erfüllend gilt. Begrüßen wir deshalb alles, was dazu beiträgt, das Stereotyp vom tristen, unproduktiven Älterwerden zu brechen. Und stattdessen in schönen Bildern vorführt, wie man älter wird, ohne alt zu werden.

Zwei Fehlurteile und drei Tatsachen

Konservativ, kränklich, kompliziert, kaufkräftig, konsumfreudig – so in etwa schätzen Wirtschaft und Werbebranche die Kunden zwischen 45 und unendlich ein.

Konservativ – weil, wer mittendrin im Leben seinen Weg gefunden hat, in der Restlaufzeit weder die Margarinemarke wechseln wird noch das Automodell. So offenbar stellen sich junge Entscheider und coole Kreative das Leben ab vierzig oder fünfzig vor. Wahr ist: Das Interesse an neuen Produkten lässt mit den Jahren tatsächlich nach. Allerdings erst ab siebzig. Das jedenfalls ergab eine Studie des Schweizer Zukunftsforschers Andreas Giger.

Kränklich – denn warum sonst sah man 40-, 50- und 60-jährige Models bis vor kurzem hauptsächlich in Anzeigen für Phytoöstrogene, Lebensversicherungen und Verdauungspillen?

Kompliziert – weil es in der Tat schwierig ist, eine differenzierte, kritische Zielgruppe zu umwerben, die sich ungern an ihr Alter und dessen Begleiterscheinungen erinnern lässt.

Kaufkräftig – weil keine Zielgruppe so schnell wächst wie das Segment 45 plus. 130 Millionen Europäer, ein Drittel der Bevölkerung, sind heute über fünfzig. Sie verfügen über drei Viertel der Vermögenswerte und stellen die Hälfte des verfügbaren Einkommens. Zwei Drittel besitzen Immobilien, von denen 75 Prozent komplett abbezahlt sind. Midagers steigern ihren Konsum stärker als jüngere Zielgruppen. In Europa kaufen sie 80 Prozent der teuren Autos und 50 Prozent aller Kosmetika.

Konsumfreudig – denn die einkommensstarken Over-Forties kaufen qualitäts- und markenbewusster als Jüngere und fragen seltener nach dem Preis. Viele genießen lieber das Leben, statt für die Erben zu sparen. 37 Prozent der 50- bis 59-Jährigen äußerten in einer Umfrage der Verlagsgruppe Gruner + Jahr diese Ansicht.

Alter: unaussprechbar

Die Werbung tut sich mit den Nicht-mehr-ganz-Jungen schwer. Aber sie kommt nicht an der Erkenntnis vorbei: Die Zielgruppe der umbuhlten Jungen schrumpft, die der Mittleren und Älteren wächst. Wobei die Mittleren sich jung fühlen und die Älteren noch lange nicht alt. Schwer zu erreichen sind beide Gruppen. Zumal für junge, hippe Kreative, die – verständlicherweise – am liebsten junge, hippe Werbung für junge, hippe Menschen machen. Und nicht für solche, für die die deutsche Sprache nicht einmal einen passenden, geschweige denn attraktiven Namen bereithält.

Die jungen Alten? Bitte nicht.

Die neuen Alten? Kaum besser.

Jung-Gebliebene? Passt vielleicht für Endsechziger. Aber nicht für Mittvierziger.

Im besten Alter? Geht so.

Jungsenioren? Eine Zumutung.

Die Werbebranche behilft sich mit mehr oder minder gelungenen Kunstworten: Master Consumers. Empty Nesters. Winning Generation. Kukidents. Üffies (Über-50-Jährige). Na ja.

Eine Errungenschaft ist dagegen die Unterteilung der Zielgruppe 45-bis-unendlich nach Alter, Lebensstil und Interessen. Auch wenn dabei sprachlich wenig alltagstaugliche Etiketten wie Unprätentiöse, Authentische, Repräsentative und Distinguierte herauskommen.

Amerika hat es da mal wieder besser. Midagers. Bestagers. Fortysomethings. Fiftysomethings. Auch Älterwerden klingt auf Englisch netter, finde ich. Allerdings zeigte eine Emnid-Studie im Auftrag der Quelle-Versicherungen: Nur gut ein Viertel der Über-45-Jährigen fühlt sich von diesen Bezeichnungen angesprochen. Die meisten lassen sich am liebsten als »jung geblieben« charakterisieren.

Persönlich gefällt mir am besten das Wort »die Mittleren«, auf das ich in einem der letzten Texte des verstorbenen SZ-Redakteurs Herbert Riehl-Heyse gestoßen bin. So unaufgeregt-treffend fand ich die 35- bis 60-Jährigen sonst nirgendwo beschrieben.

Die neue Sichtbarkeit

Es hat lange gedauert. Doch allmählich tasten sich Werbung, Wirtschaft und Medien an die ab vierzig heran. Zögerlich zwar, aber immerhin. Die Zeiten, in denen der Kosmetikhersteller Lancôme seinem Starmodel Isabella Rossellini kurz nach dem 40. Geburtstag den Laufpass gab, sind vorbei.

L'Oreal fährt heute groß angelegte Kampagnen mit Andie MacDowell, Jahrgang 1958, und Catherine Deneuve, Jahrgang 1943. Fünf Prozent seines Werbeetats wendet der Kosmetikhersteller auf, um Käuferinnen ab vierzig gezielt anzusprechen. Viel ist das nicht. Aber ein Anfang.

Ali McGraw aus *Love Story* wirbt für GAP und die Hamburger Fotografin Sigrid Rothe, Anfang 50, für die junge US-Kleiderkette Banana Republic.

Der Münchner Kult-Bar-Besitzer Charles Schumann lässt sich für Hugo Boss fotografieren und die Direktorin der Frauenklinik der TU München, Prof. Dr. Marion Kiechle, Jahrgang 1960, für die Bestager-Modemarke Frankenwälder.

Nachdem die *Brigitte* schon seit einigen Jahren einen Ableger für Frauen über vierzig anbietet, lancierte auch das Männermagazin *Men's Health* ein erwachsenes Pendant: *Best Life,* ein aufwändig gemachtes Heft für Männer ab vierzig. Fast zeitgleich brachte die Zeitschrift *Fit for Fun* das Sonderheft *My Life* auf den Markt, das schön aufgemacht und wissenschaftlich fundiert Über-35-Jährigen Lust auf Fitness, Gesundheit, Balance und gute Ernährung macht.

Noch ist die neue Sichtbarkeit der Mittleren zwar ein Randphänomen. Das zeigte sich zum Beispiel auch daran, dass es sich mangels entsprechend spezialisierter Agenturen als äußerst mühsam erwies, geeignetes Bildmaterial für den Umschlag dieses Buches zu finden. Noch fürchtet die Mehrzahl der Kreativen, Über-40-Jährige würden sich mit Models und Werbeträgern ihres Alters womöglich nicht identifizieren. Deshalb werden weiterhin viele Produkte, die sich vorwiegend die leisten können, die im Leben schon etwas auf die Beine gestellt haben, von Jungen repräsentiert – und von Mittleren und Älteren gekauft.

Dennoch: Ein Anfang ist gemacht. Werbung und Medien haben erkannt, mit welchen Botschaften die Mittleren zu ködern sind: Schönheit besteht nicht nur aus Jugend. Die Lust am Leben wird größer, je besser man das Leben kennt. Männer, die sich etwas gönnen, sind mindestens so interessant wie solche, die auf Knopfdruck können.

Der Erfolg gibt den Neuerern recht: Der Pharmakonzern Beiersdorf ging das Wagnis ein, für die Pflegeserie »Nivea Vital« eine Fiftysomething als Model zu verpflichten. Heute ist die Serie bei Frauen ab fünfzig die meistgekaufte Gesichtspflege.

Wie der Schein das Bewusstsein bestimmt

Das Fernsehen hat den Paradigmenwechsel übrigens Jahre früher vollzogen. Vor gut zehn Jahren waren noch 70 Prozent der Frauen in Spielfilmen unter 35. Inzwischen hat sich das Bild gründlich gewandelt. Egal ob öffentlich-rechtlich oder privat, ausdrucksstarke Heldinnen über vierzig, fünfzig und sechzig bringen den Sendeanstalten verlässliche Quoten und Werbeeinnahmen ein: Barbara Auer. Iris Berben. Senta Berger. Hannelore Elsner. Martina Gedeck. Katja Flint. Hannelore Hoger. Christiane Hörbiger. Ulrike Kriener. Maren Kroymann. Barbara Rudnik.

> *»Zum Glück sind interessante Geschichten über Frauen um die 40 keine Seltenheit mehr. Geschichten, in denen wir nicht nur glatt gebügelte Männerfantasien sind.«*
>
> Diane Lane

Die erwachsenen Schauspielerinnen und ihre Rollen sprechen keineswegs nur Zuschauer über vierzig an. Auch bei den ganz jungen Frauen sind die neuen Heldinnen beliebt. Erstens, weil komplexe 45- oder 55-Jährige dramaturgisch oft mehr hergeben als unkomplizierte 25-Jährige. Und zweitens, weil sie ein erfreuliches Bild vom Älterwerden vermitteln. Das tut nicht erst mit 44 oder 52 gut. Auch die Jüngeren, denen die Ganz-Jungen im Nacken sitzen, haben lieber eine reizvolle Lebensphase vor sich als eine negativ bewertete.

Im Fernsehspiel ist das Klischee vom tristen Alter gebrochen. Im Kino sind Frauen über vierzig zwar weiterhin unterrepräsentiert. Trotzdem bekommen sie erheblich öfter Hauptrollen als früher. Vor kurzem zum Beispiel gewann Diane Keaton, Jahrgang 1946, einen Golden Globe für ihre Rolle in dem Film *Was das Herz begehrt*. Keaton spielt darin eine erfolgreiche Theaterautorin, die sich in den älteren Liebhaber ihrer Tochter alias Jack Nicholson, geboren 1937, verliebt.

Die Auswirkungen auf die gesellschaftliche Wirklichkeit sind enorm. Wenn wir heute ab vierzig unser Alter mit einer Portion Gelassenheit akzeptieren können, liegt das auch daran, dass wir mit erheblich schöneren Bildern im Kopf in die zweite Lebensphase starten, als unsere Eltern es vor zwanzig oder dreißig Jahren konnten.

Die Bilderwelten, an denen wir uns orientieren, entsprechen zwar nur teilweise der Realität. Und vorerst können vor allem die Bessergebildeten und Besserverdienenden unter den Over-Forties die Glücksversprechen ausleben, die Fernsehen und Kino vorgeben. Aber die starken selbstbewussten TV-Heldinnen zwischen Anfang vierzig und Mitte sechzig sind zugleich Leitbild und Abbild der gesellschaftlichen Wirklichkeit. Die *Zeit*-Autorin Sabine Rückert formuliert das so: »Das Fernsehen gibt vor *und* spielt nach.« Die Aufwertung der zweiten Halbzeit wird deshalb immer größeren Teilen der Bevölkerung zugute kommen.

Das traditionelle Bild vom Über-40-Sein gilt nicht mehr, das moderne noch nicht

Keine Frage: Die Grenze zum Alter hat sich nach hinten verschoben. Das chronologische Alter ist nicht mehr so wichtig. Älterwerden ist mehr zu einer Frage der Persönlichkeit als der biologischen Gegebenheiten geworden. Mit Haltung älter zu werden und dabei gut auszuschauen ist machbar. Die Übergänge zwischen den Jüngeren, Mittleren und Älteren verschwimmen. Schwer zu sagen, wann die eine Phase aufhört und die nächste beginnt. Erst im hohen Alter, jenseits der achtzig, wird Altern wirklich schwierig. Bis dahin haben wir noch ein halbes Leben Zeit.

Trotzdem fiebern wir dem vierzigsten oder fünfzigsten Geburtstag nicht eben entgegen. Das liegt nicht nur daran, dass wir mit jedem Jahr weniger Leben vor uns haben. Das liegt auch daran,

- dass manche Geburtstagsgratulanten uns in falsch verstandenem Zartgefühl bereits zum achten Mal zum neununddreißigsten beglückwünschen;
- dass viele Unternehmen Bewerber über 45 nur dann berücksichtigen, wenn es keine jüngeren gibt;
- dass Sportlerinnen ab dem 50. Geburtstag, wenn sie statistisch noch 32,7 Lebensjahre vor sich haben, als *Seniorinnen* in den Mitgliedslisten der Clubs geführt werden;
- dass die steigende Lebenserwartung nicht als Errungenschaft wahrgenommen wird, sondern als Problem;
- dass unsere Alterskohorte in den Medien hauptsächlich als drohende Apokalypse vorkommt: als der größte »Altenberg«, der je das Fortkommen einer Gesellschaft behinderte;
- dass keiner von den Milliarden redet, die wir seit Jahren und Jahrzehnten als Steuern, Solidaritätszuschlag und Sozialabgaben in das Sozialsystem einspeisen und einspeisen werden, ehe wir durch unser Älterwerden Deutschland zum Gerassic Park verformen;
- dass Ältersein anscheinend nur erträglich ist, wenn man es jünger macht: ›Junge Frauen über 50‹ heißt der Untertitel eines an sich lesenswerten Buchs über Frauen wie Charlotte Rampling, Senta Berger oder Tina Turner. Warum eigentlich nicht erfolgreiche, eigenwillige, starke, interessante, faszinierende, begnadete, großartige Frauen über fünfzig? Ist Jungsein wirklich mehr als alles andere, verdammt?

Längst nicht überall werden Midagers so wahrgenommen, wie sie sich fühlen: kompetent, aktiv, dynamisch, lebenserfahren im besten Sinne. Es lebt sich mittendrin im Leben zwar faktisch nicht schlecht. Doch das Image ist angeschlagen: Jüngere gelten mehr als Mittlere, Mittlere mehr als Ältere. Wen das stört, der hat die Chance, die Lebensphase ab vierzig in den Augen der Welt endlich begehrenswert zu machen. Nicht nur die Medien können die negativen Altersklischees aufbrechen. Jeder Einzelne besitzt die Macht dazu.

> *»Eine Frau von vierzig galt in den sechziger Jahren schon als reife Dame, jetzt fängt es gerade mit fünfzig an, und in zehn Jahren wird es sich noch weiter nach hinten verschoben haben.«*
> SENTA BERGER

Älter werden, ohne alt zu werden

Die Generationen vor uns haben es geschafft, dem Leben Jahre zu geben: Dem Alter wurde die lange, gesunde Lebensphase des zweiten Erwachsenenalters vorgeschaltet. Diese guten Extrajahre für fast alle sind in der Geschichte der Menschheit eine blutjunge Errungenschaft: 1905 betrug die durchschnittliche Lebensdauer von neugeborenen Mädchen nur 48, 1955 immerhin schon 70 Jahre. Auf ein im Jahr 2003 geborenes Mädchen warten zum Zeitpunkt der Geburt 80,8 Jahre, im Jahr 2050 werden es voraussichtlich 86,6 Jahre sein.

Die Lebenserwartung steigt kontinuierlich. Die Lebenswirklichkeit trägt dem erst zögerlich Rechnung: Noch gelten 45-Jährige pauschal als wenig innovativ, 50-Jährige als verbraucht, 60-Jährige als reif für die Rente. Wir ab vierzig stehen deshalb vor der Aufgabe, die neu dazugewonnenen Jahre mit Leben zu erfüllen: eine Kultur für das zweite Erwachsenenalter zu finden, die jung ist, aber nicht kindisch, erfahren, aber nicht ältlich, genießerisch, aber nicht egoistisch.

Wer das leisten will, darf den vierzigsten Geburtstag und die danach nicht einfach ausblenden. Der muss den Wandel, den innerlichen, aber auch den äußerlichen, zulassen und unterstützen. Der muss das große Kunststück fertig bringen, gleichzeitig am Ball zu bleiben und seine Energie auf das Wichtige zu konzentrieren. Die Entscheidung, nach vorn zu schauen statt zurück, zahlt sich aus: Die positive Haltung, mit der man sich in die neue Lebensphase stürzt, strahlt auf andere ab – und auf das eigene Leben zurück. *Psychologische Produktivität* nennt die Lebenslaufforscherin Ursula Staudinger diese Form des Vorbild-Seins. Das können Sie tun, um den besten Jahren zu einem besseren Ruf zu verhelfen.

Reden Sie sich nicht alt

Ist Ihnen auch schon aufgefallen? In unsere Rede schleichen sich immer öfter die Wörter »noch« und »nicht mehr«: »Solange die Kinder noch mit uns Silvester feiern, …« – »Es bekommt mir nicht mehr, abends warm zu essen.« Solche Wendungen klingen deprimiert und müde. Weil Sprache Wirklichkeit schafft, ersetzen Sie die Nochs besser durch Jetzts: »Wir haben jetzt wieder mehr Zeit für uns.« – »Ich finde es jetzt wichtig, mehr für meine Gesundheit zu tun.« Denken wir daran: Wir befinden uns mitten im Spiel. Nicht kurz vor dem Abpfiff.

Respektieren Sie den Generationenabstand

Es fing an, als wir studierten: Plötzlich ließen Profs sich duzen und kamen im gleichen Schlabberlook ins Seminar wie wir. Ich mochte diese Pseudo-Solidarität der Mittleren mit den Jüngeren schon nicht, als ich selbst noch jünger war. Leider hat sie sich, in anderer Form, nicht nur erhalten, sondern noch verschärft. Fortysomethings tragen Hüftjeans, geraten in Hysterie ob des neuen *Harry-Potter*-Bandes, gucken MTV und kennen sämtliche Finalisten von *Deutschland sucht den Superstar*. Wie Neunjährige, die die Codes und Symbole der großen Geschwister kopieren, um älter zu wirken, rennen mittendrin im Leben viele dem Freizeit- und Konsumverhalten der 15- und 25-Jährigen hinterher, um sich jung zu fühlen.

Reden Sie das Alter nicht schlecht

Feindselige Äußerungen über Rentner, klischeehafte Bemerkungen über die Menopause (»Frauen in den Wechseljahren sind eben so«) und pseudo-humorvolle Wünsche zum vierundvierzigsten Geburtstag (»Auch der Herbst hat schöne Seiten«) nähren den Eindruck, ab vierzig sei das Leben gelaufen. Wenn Mittlere so reden, brauchen sie sich nicht zu wundern, wenn Gleichaltrige sich jünger machen, und Jüngere alles werden wollen, nur nicht über vierzig.

Älter werden ist nichts für Feiglinge

Über Abschied, Trauer und Vergänglichkeit

Bis zur Lebensmitte leben die meisten mit einer erträglichen Menge Sorgen. Vier Monate Arbeitslosigkeit, ein sich als unbegründet erweisender Krebsverdacht, der Bandscheibenvorfall, die Leseschwäche des Großen, die heikle Hausfinanzierung, die Scheidungen und Krankheiten von Freunden – das alles stresst und schlaucht. Aber man gerät deshalb nicht aus dem Gleis. Bis vierzig verläuft das Leben überwiegend vorwärts oder aufwärts oder wenigstens seitwärts.

Sofern sich das Schicksal nicht gegen uns verschworen hatte, blieben uns Verluste und Verzweiflung weitgehend erspart, eigentlich kannten viele von uns sie nur vom Hörensagen, über drei Ecken. Die Tochter des netten Briefzustellers, erfuhren wir, war mit 33 an Leukämie gestorben, der Lebensgefährte einer jüngeren Kollegin wartet auf eine Spenderleber, die Schwägerin einer Freundin saß nach einem Autounfall gelähmt im Rollstuhl. Wir empfanden Mitgefühl und hörten anteilnehmend zu und fragten uns schaudernd, wie wir selbst wohl fertig würden mit einem solchen Schicksalsschlag, irgendwann später, und dann klingelte das Telefon und der Alltag hatte uns wieder.

Zu den großen Veränderungen der Lebensmitte gehört es, dass Irgendwann-Später nicht mehr in ferner Zukunft liegt. Sondern direkt vor uns. Die Jahre ab vierzig sind nicht nur eine Phase, in der wir reifen und genießen und uns erneuern. Sie können sich auch als eine Phase harter Wahrheiten und trauriger Wendepunkte erweisen.

Verglichen mit den positiv besetzten Lebensereignissen des ersten Erwachsenenalters – erste große Liebe, Zusammenziehen, Heirat, Geburt der Kinder, Vorankommen im Beruf – hält das zweite Erwachsenenalter eine vermehrte Anzahl von Reife-Prüfungen bereit. Die Menopause gehört dazu. Die Pubertät und der Auszug der Kinder. Das Gefühl, nicht mehr so gefragt, gebraucht und begehrt zu sein. Die Angst vor Krankheit und der Verlust von Menschen, die man liebt. Das Altwerden und Sterben der Eltern. Das Aufrücken an die Spitze des Generationengefüges.

Ab vierzig wird die Zukunft kürzer. Die Einschläge kommen näher. Die Verwundungen häufen sich. Obwohl wir, so scheint es uns, noch immer nicht wissen, wie man damit umgeht, mit Trauer und Einbußen und bleibenden Schäden. In diesem Kapitel geht es um die Schattenseiten des Älterwerdens und was es bringt, sich aufkommenden Ängsten zu stellen.

Die Zukunft wird kürzer

Seit ein paar Jahren verstärkt sich in mir das Gefühl: Die Zeit läuft mir davon. Zwar darf ich statistisch noch mit circa 35 Jahren rechnen. Das klingt ansehnlich. Aber das schon gelebte Leben hat meinen Zeitbegriff relativiert. Vor 35 Jahren war ich gerade ins Gymnasium gekommen, und Willy Brandt wurde zum Bundeskanzler gewählt, und im Kino gab's *Hurra, die Schule brennt*, und Neil Armstrong machte die ersten Schritte auf dem Mond, und ich spielte Gummitwist und las, wahllos durcheinander, *Das Tagebuch der Anne Frank* und alles von Berte Bratt und Karl May und fing an, die Hitparade doof und die Beatles klasse zu finden. Die Erinnerung daran steht klar und farbig vor mir. Schwer zu glauben, dass seither 35 Jahre vergangen sein sollen.

Mittendrin im Leben fängt die Zeit an, kostbar zu werden. Ungeduldig merken wir, wie viel davon wir vergeuden. Oder vergeuden müssen: im Stau, in Meetings, im Wartezimmer. Beim Bügeln, an der Kasse, vor dem Fernseher. Bei Einladungen, die wir nicht ablehnen können. In Diskussionen mit dem Partner, die noch nie gefruchtet haben. Auf der Suche nach dem billigsten Ferienflieger. Beim Sammeln von Steuerbelegen und beim Horten von Happy Digits. Vielen wird ab vierzig ihre Zeit dafür zu schade.

Von Arthur Schopenhauer stammt die Theorie, die Wahrnehmung der Länge eines Jahres errechne sich nach der Formel: Eins geteilt durch Lebensalter. Das heißt: Je älter wir werden, desto schneller verstreicht in der subjektiven Wahrnehmung die Zeit. Dem Fünfjährigen kommt ein Jahr wie eine halbe Ewigkeit vor: Es macht ganze zwanzig Prozent seines bisherigen Lebens aus. Für die Fünfzigjährige ist ein Jahr nicht viel: zwei Prozent dessen, was bisher war.

Dass wir die Zeit nicht anhalten können, ist uns klar. Aber verlangsamen und intensivieren würden wir sie gern. Leider lässt sich die Zeit nicht so leicht überlisten. Schuld daran ist das so genannte *Zeitparadox*. Jeder weiß, wie die Zeit sich zieht, wenn man im Stau steht oder 200 Seiten kopiert oder Zahnschmerzen hat oder auf den Rückruf wartet, um den man schon dreimal dringend gebeten hat. Und jeder kennt das Gefühl, wie die Zeit dahinrennt, wenn die Termine sich drängen und die Ereignisse einander jagen und man unbedingt noch dies erledigen und jenes keinesfalls versäumen möchte.

Eigentlich müsste man es demnach nur darauf anlegen, sich lustvoll und ausgiebig zu langweilen, um der Zeit Einhalt zu gebieten. Trödeln. Dösen. In den Tag hineinleben. Gewiss bringen solche Auszeiten die Nerven zur Ruhe und die Zeit zum Stillstand. Sie erden uns im Hier und Jetzt und wirken nachweislich gesundheitsfördernd und lebensverlängernd. Allerdings hinterlassen Phasen der Muße genau wie Routinearbeiten und Alltagstrott in der Erinnerung kaum Spuren. Im Gedächtnis wirkt die Zeit paradoxerweise bevorzugt dann nach, wenn sie vor lauter neuen Eindrücken und Herausforderungen wie im Flug verging.

> *»Man muss Prioritäten setzen und sich entscheiden, sich nicht verzetteln. Für manches ist vielleicht im nächsten Leben Platz.«*
>
> Jil Sander

Am meisten hat man deshalb von der Zeit, wenn man bewusst nach beidem sucht: nach dem intensiv gelebten Leben und nach der intensiv empfundenen Zeit. Das eine gibt dem Leben Sinn und Gewicht, nicht nur heute, auch im Rückblick. Das andere verflüchtigt sich, als wäre es nie gewesen. Aber dafür erfüllt es die Gegenwart mit einem Gefühl von Endlosigkeit.

Das Generationengefüge verschiebt sich

Die Kinder werden groß, die Eltern werden alt. Beides stellt die Mittleren vor Herausforderungen, das eine weniger, das andere mehr.

Für das Erwachsenwerden der Kinder gibt es eine griffige Vokabel: *Empty-Nest-Syndrom* nennen Psychologen seit den 60er Jahren die Zeit, in der die Kinder flügge werden. Inzwischen stellte sich heraus: Den inneren Notstand löst das Größerwerden der Kinder bei den wenigsten Eltern aus. Erstens zieht es sich vom Beginn der Pubertät bis zum endgültigen Auszug aus dem Hotel Mama über viele Jahre hin. Zweitens ist der neue Lifestyle zwischen Eltern und Kindern von Freundschaft und Offenheit geprägt – ganz gleich, ob die Kinder vier, vierzehn oder vierundzwanzig sind. Zwischen Eltern und Kindern herrscht weitgehend Gleichheit. Wo es aber von jeher wenig Strenge und Kontrolle gab, brauchen sich die einen nicht abzugrenzen, müssen die anderen keinen Bedeutungsverlust fürchten. Auch dann nicht, wenn die Kinder anfangen, sich ihre Freunde und Schwerpunktfächer selbst auszusuchen.

Drei Viertel der Eltern sehen dem Größerwerden ihrer Kinder deshalb gelassen entgegen. Über die Hälfte der Frauen und ein Viertel der Männer freuen sich sogar, wieder mehr Freiheit zu haben. Nur ein Drittel der Mütter und ein Viertel der Väter bedrückt es, dass sich der Familienverband lockert. Doch, das mit dem Größerwerden der Kinder kriegen die Mittleren prima hin.

Für das Altwerden der eigenen Eltern gibt es kein handliches Schlagwort. Und kaum Vorbilder und Anregungen, wie man souverän damit klarkommt und alle Beteiligten zu ihrem Recht. Wie auch? Die Über-40-Jährigen sehen sich mit einer völlig neuen demografischen Entwicklung konfrontiert: Hatten 1985 nur ein Drittel der Altersgruppe noch beide Eltern, sind es heute bereits zwei Drittel. Keine Generation vor uns durfte ihre Eltern so lang behalten. Keine Generation vor uns musste ihre Eltern so lang unterstützen.

Auf dem letzten Akt der Eltern-Kind-Beziehung lastet Ungewissheit. Geht es den Eltern gut, ist ihre lange Lebensspanne ein Geschenk: Mittendrin im Leben dürfen wir immer noch Kinder sein. Geht es ihnen schlecht, werden wir auf eine harte Probe gestellt: Mittendrin im Leben müssen wir die Verantwortung für hinfällige Eltern übernehmen. Das Altwerden und Sterben der Eltern gehört zu den schwierigsten Aufgaben des zweiten Erwachsenenalters.

Der Abschied von den Eltern

Bis vor kurzem waren sie noch fit wie ein Turnschuh, »junge Alte«, die beim Hausbau mithalfen, die Enkel hüteten, ihre Beziehungen spielen ließen, zwölf verschiedene Sorten Weihnachtsplätzchen backten und jederzeit da waren, wenn man sie mal brauchte. Inzwischen gehen sie auf die 70 oder 75 oder 80 zu, und im besten Fall leben sie immer noch zu zweit und haben ein Haustier und gute Freunde und viele Interessen und eine pflegeleichte Wohnung und den Humor, den es braucht, die Einschränkungen des Alters mit Haltung hinzunehmen. Aber wenn jetzt ihre Nummer auf dem Display erscheint zu einer Zeit, zu der sie normalerweise nie anrufen, dann macht sich einen bangen Moment lang die Panik breit, der Ernstfall sei eingetreten.

Nicht, dass man mittendrin im Leben mit Krisen nicht umgehen könnte. Nicht, dass man schon so manche schwierige Lage gemeistert hätte: die Neurodermitis des Sohnes, die Firmenpleite des Partners, die wiederkehrenden Depressionen der kleinen Schwester. Nur ist die Beziehung zu den alten Eltern, so liebevoll sie auch sein mag, oft um einiges komplizierter als die zum Partner, den Geschwistern oder den eigenen Kindern.

Ein Hauptgrund dafür sind die verqueren Rollenverschiebungen zwischen den alten Eltern und den auch nicht mehr ganz jungen Kindern. In den Augen der Eltern bleiben wir ein Leben lang Kinder. Unbewusst sehen sie uns immer noch als kleine, abhängige Wesen, die beschützt und bemuttert und beraten und, wenigstens ein ganz klein wenig, erzogen werden müssen. Unausgesprochen erwarten sie von uns, mit Recht, dass wir sie unterstützen, wenn sie es allein nicht mehr schaffen – so wie sie uns unterstützt haben, all die Jahre lang.

Wenn die Eltern Hilfe brauchen, finden wir uns in einer beklemmenden Doppelrolle wieder: Wir sollen ihnen brave Kinder und müssen ihnen starke Eltern sein. Dieses Kunststück ist kaum hinzukriegen. Das eine widerstrebt uns, das andere empfinden wir – und sie – als anmaßend.

Hinzu kommt: Ganz gleich, ob man pflegt oder pflegen lässt oder einen Mix aus beidem organisiert, die Sorge für die alten Eltern fordert mehr als Arbeit und das Zurückstellen persönlicher Wünsche. Sie spült die emotionalen Verquickungen von früher hoch und konfrontiert die Mittleren mit dem eigenen Alter: Hinfälligkeit und Sterben der Eltern demonstrieren den älter werdenden Kindern, dass und, viel schlimmer noch, *wie* das eigene Leben zu Ende gehen kann. »Die alten Eltern leben vor, wie das Ganze weitergeht«, bilanziert Annemarie Bauer, Professorin für Soziale Arbeit an der evangelischen Fachhochschule Darmstadt. Werden die Eltern gebrechlich oder verwirrt, ist das nicht nur für die betreuenden Kinder kaum zu ertragen. Dem entziehen sich oft auch deren Partner, Kinder und Freunde.

Verfall und Tod stören und verstören. Mit den Alten geraten

deshalb oft auch die, die sie betreuen, in die Isolation. Wer alt ist oder mit dem Alter befasst, ist nicht erfolgreich und sexy und locker. Dem haftet der Geruch von Krankheit und Tod an. Der belastet die Glückserwartungen und Machbarkeitsfantasien seiner Umwelt. Das Altwerden und Sterben der Eltern macht ratlos und allein wie wenig vorher im Leben.

Zum Glück wird längst nicht jeder, der alt wird, auch pflegebedürftig. Eine 1992 vorgelegte Studie ergab: Neunzig Prozent der 75- bis 85-Jährigen und drei Viertel der Über-85-Jährigen meistern ihren Alltag allein. Dennoch sollten Eltern und Kinder möglichst vor Beginn des letzten Aktes nach Lösungen suchen, wie sich das Altwerden der Eltern bewältigen lässt. Nicht nur weil kluges Planen entlastet. Sondern auch, weil mutige Aussprachen das Verständnis füreinander fördern können. Das ist besonders dann wichtig, wenn Groll oder Enge das Verhältnis überschatten. Über-40-Jährigen bleibt keine Zeit mehr, den Kopf in den Sand zu stecken: Nur wer jetzt endgültig das abhängige, überbehütete oder gekränkte Kind in sich ablegt, kann den alten Eltern helfen. Nur der kann dankbar und ohne Schuldgefühle um sie trauern, wenn sie gestorben sind.

Der Tod rückt ins Blickfeld

»Heute kann ich mir kaum vorstellen, dass ich überhaupt je sterben muss«, sinnierte die Schauspielerin Iris Berben in einem Filmportrait. Mir selbst geht es, wenn ich ehrlich bin, ähnlich. Natürlich weiß ich, dass mein Leben nicht unbegrenzt ist. Trotzdem kann ich mir bis jetzt nur schwer vorstellen, eines Tages nicht mehr da zu sein. So wie ich scheinen mittendrin im Leben viele zu empfinden. »In der Regel ist der Tod noch weit weg und darum etwas abstrakt«, analysierte schon 1931 der Schweizer Tiefenpsychologe C. G. Jung.

Nein, sofern alle gesund sind, in der Familie und im Freundeskreis, hält sich die Furcht vor dem Tod mittendrin im Leben in Grenzen. Dennoch rücken Alter und Tod ins Blickfeld. Der Gedanke drängt sich auf, dass mehr als die Hälfte des Lebens vorbei ist. Die Angst wächst, bei einer Routineuntersuchung könnte eine schwere Krankheit diagnostiziert werden. Die Wahrscheinlichkeit steigt, einen geliebten Menschen zu verlieren.

> *»Ich habe keine Angst vor dem Sterben, ganz gewiss nicht. Ich möchte bloß nicht dabei sein, wenn es passiert.«*
> WOODY ALLEN

Diese Gedanken stimmen nachdenklich. Aber noch lassen sie sich kurzerhand beiseite schieben. Allerdings vergäbe man damit eine wertvolle Chance: Die Jahre ab vierzig sind nämlich genau die richtige Zeit, den Tod allmählich ins Leben einzukalkulieren. Nicht nur, weil der Ernstfall auch schon mit 44 oder 52 eintreten kann. Sondern vor allem, weil wir jetzt jung genug sind, um einigermaßen nüchtern darüber nachdenken und reden zu können.

Die realistische Beschäftigung mit dem Unausweichlichen ist weniger beängstigend, als es klingt – und bürokratischer, als man denkt. Sie lässt uns der Vergänglichkeit ins Auge sehen und treibt die seelische Reifung voran. Wer die letzten Dinge nicht dem Zufall überlässt, beeinflusst nicht nur, soweit das eben möglich ist, wie er alt wird und stirbt. Er macht sich auch in kleinen Schritten mit dem Ausstieg vertraut. Das ist mutig. Und lohnend. Die Beschäftigung mit dem Tod führt fast automatisch dazu, dass wir bewusster, konzentrierter und dankbarer leben als zuvor.

Werden Sie sich über Ihre Wünsche für den Ernstfall klar

Mehr als den Tod fürchten wir das, was davor kommen könnte: Hilflos zu sein. Zu leiden. Nicht mehr da sein zu können für die, die uns die Liebsten sind. Die Angst davor lässt nach, wenn man schon mittendrin im Leben nach Lösungen sucht, was im Fall der

Fälle geschehen soll: Wer soll für mich handeln und entscheiden, wenn ich es plötzlich nicht mehr kann? Welche medizinischen Behandlungen wünsche ich bei einer schweren Erkrankung oder einem Unfall – und welche nicht? Bin ich damit einverstanden, dass mein Leben künstlich verlängert wird? Bin ich im Todesfall mit einer Organspende einverstanden? Wen möchte ich absichern oder bedenken? Mit wem möchte ich mich aussöhnen?

Dokumentieren Sie Ihre Wünsche

Die letzten Dinge regelt man besser nicht *last minute*. Ein Testament, eine Patienten-, Betreuungs- und Organverfügung sowie eine Vorsorgevollmacht sind eigentlich in jedem Alter Pflicht. Hinterlegen Sie darüber hinaus Policen und Unterlagen aller Versicherungen und Finanzangelegenheiten.

Mit der *Patientenverfügung* legen Sie fest, wie Sie bei schwersten Erkrankungen medizinisch behandelt werden möchten. Um jeden Zweifel an Ihrer Willensbekundung auszuschließen, sollten Sie die Verfügung einmal im Jahr aktualisieren und an veränderte Gegebenheiten anpassen.

Mit der *Vorsorgevollmacht* befugen Sie einen Menschen Ihres Vertrauens, in medizinischen und finanziellen Fragen für Sie zu entscheiden, falls Sie selbst nicht dazu in der Lage sind. Ohne schriftliche Vollmacht steht dieses Recht nicht einmal den nächsten Angehörigen zu.

Mit der *Betreuungsverfügung* schlagen Sie eine Person Ihres Vertrauens vor, die das Amtsgericht/Vormundschaftsgericht im Notfall als Ihre Betreuerin oder Ihren Betreuer ernennen soll.

Ein Hinweis: Literatur und Internet-Adressen zum Thema finden Sie unter http://www.zeit.de/2003/48/wissen_links.

Denken Sie fünfundzwanzig Jahre weiter

In groben Zügen wenigstens, raten Psychologen, sollten wir schon mit fünfzig wissen, wie wir im fortgeschrittenen Alter leben wollen. Lebenskluge klammern deshalb mittendrin im Leben die Jahre ab 65 nicht aus. Sie legen sich lieber schon heute erste Pläne dafür zurecht: Wie und wo möchte ich in zwanzig oder dreißig Jahren leben? Welche Werte und Ziele werden mir dann wohl wichtig sein? Werde ich mir leisten können, was ich mir heute vorstelle – das Ayurveda-Wochenende, die Städtetrips, den Fensterputzer, die Zahnimplantate, den Traum von der Rentner-WG mit den fünf besten Freunden, eine stadtnah gelegene Gründerzeitvilla wäre ideal dafür? Habe ich mich ausreichend abgesichert? Welche Weichen müssen jetzt gestellt werden, damit ich später gut leben kann?

Leben Sie Ihre Träume, konzentrieren Sie sich auf das Schöne

Erstaunlich viele Fortysomethings unter den Freunden versichern: Wenn sie erfahren würden, sie hätten nur noch ein Jahr zu leben, fänden sie das schlimm. Aber vor allem für ihre Familien. Für sich selbst könnten sie den Tod akzeptieren, sagen sie. Vor allem die Glücklichen und Erfolgreichen äußern sich so. Offenbar tut sich leichter mit dem Sterben, wer sein Leben als rund empfindet und spannend und schön. Das ist auch die Ansicht des amerikanischen Psychotherapeuten und Bestsellerautors Irvin D. Yalom: »Je unerfüllter das Leben, desto größer die Angst vor dem Tod.« Im Umkehrschluss folgt daraus: Je erfüllter das Leben, desto geringer die Angst vor dem Tod.

Der Fluch der Routine

Weihnachten gab es in den letzten Jahren immer Ente mit Süßkartoffeln. Im Februar geht's traditionsgemäß zum Skifahren nach Zell am See. In der Familie und im Freundeskreis häufen sich die Geburts- und Jahrestage. Die neue Katze ist wieder braun getigert. Statt sich die hochgelobte Romanverfilmung im Kino anzusehen, wartet man lieber gemütlich auf die DVD. Reformen und Agenden und Umbauten vermögen die Fantasie höchstens mäßig zu beflügeln. Die neue CD von Diana Krall unterscheidet sich kaum von denen, die man schon besitzt. Ab vierzig schleicht sich Wiederholung ins Leben ein.

> *»Je älter man wird, desto mehr ähnelt die Geburtstagstorte einem Fackelzug.«*
> KATHARINE HEPBURN

Die Routine hat ihre Vorteile: Wiederholung vermittelt Vertrautheit und Stabilität. Vieles, was früher aufregte oder einschüchterte oder das Herz zum Klopfen brachte, erledigt man heute mit links. Einen Großteil der Gelassenheit ab vierzig beziehen wir daraus, dass wir in vielen Situationen aus Erfahrung wissen: Dafür wird sich eine Lösung finden. Das habe ich bisher immer geschafft. Ich weiß, ich habe richtig entschieden. Nichts wird so heiß gegessen, wie es gekocht wird. Diese Abgeklärtheit macht uns ausgeglichen und sicher und frei.

Die Kehrseiten der Routine sind weniger erfreulich. Ärgern Sie sich auch manchmal über Bekannte, die Ihnen gern in allen Einzelheiten berichten, wie es war in dem Restaurant, das Sie bald einmal erkunden, oder in dem Urlaubsort, in den Sie demnächst fahren wollten? Und die ganz genau wissen, was Sie dort unbedingt bestellen und unter allen Umständen besichtigen müssen? Mir haben solche Schilderungen schon oft die Entdeckerfreude verdorben. Denn das, was für mich neu gewesen wäre und besonders und ein weißer Fleck auf der Landkarte meiner Erfahrungen, wird durch solche Vorab-Schilderungen alltäglich und gewöhnlich.

Ähnliches passiert, wenn sich die besonderen Ereignisse im Leben zu wiederholen beginnen. Wer alles schon kennt, dem kommt das Staunen abhanden. Die Begeisterung. Die hochgespannte Nervosität. Das Leben wird berechenbar und verliert an Glanz. Wir merken, wie wir lustlos werden und ein bisschen träge. Auf jeden Fall merken es die anderen. Gleichgültigkeit ist die

Schattenseite der Gelassenheit. Zum Glück können wir das eine für uns nutzen, ohne in das andere abzuirren.

Suchen Sie nach neuen Eindrücken

Es ist ganz normal, dass uns heute vieles kalt lässt, was uns vor zehn Jahren begeisterte, anrührte oder zur Weißglut brachte. Die alten Routinen und ewig gleichen Geschichten sind uns einfach zu vertraut geworden, um so viel herzugeben wie früher. Sie haben sich überlebt oder jedenfalls abgenutzt. Was wir jetzt in unserem Leben brauchen, sind neue Interessen, Menschen und Perspektiven. Reisen hilft, ein neues Hobby, ein neuer Job oder, wenn es sein muss, eine neue Liebe.

Variieren Sie das Vertraute

Arrangieren Sie die Möbel neu. Abonnieren Sie eine andere Zeitung als die, die Sie seit Jahren lesen. Verabreden Sie sich mit den Freunden mal zum Wandern statt wie sonst immer zum gemeinsamen Kochen. Entscheiden Sie sich, frei zu sprechen, statt zum wiederholten Mal die uninspirierte Powerpoint-Präsentation abzuspulen. Setzen Sie die alten Zwänge wenigstens mal hypothetisch außer Kraft: »Was wäre, wenn …?«

Bemerken Sie das Besondere im Bekannten

Ab vierzig entdecken wir den Genuss. Alles, was kultiviert ist und verfeinert, vom Kochen bis zur klassischen Musik, rückt auf der Liste der Lieblingsbeschäftigungen nach vorn. Denn wenn man vieles schon kennt, stumpft man entweder ab. Oder man fängt an, achtsamer durch die Welt zu gehen und den Zauber der leisen Töne zu erspüren. Plötzlich nimmt man Details wahr, an denen man bisher achtlos vorüberging: die Winterlinge unter der Buchenhecke. Die Zurückgenommenheit einer Tuschfederzeichnung. Die Heiterkeit einer Bach-Kantate. Den feinen Geschmack von selbst gezogenem Salbei und echter Vanille.

Grundlagenseminar für Werbetexter. »Schreiben Sie einen Slogan für ein Calcium- und Vitamin-D-Kombi-Präparat speziell für Frauen ab vierzig«, lautet die Aufgabe. Die Teilnehmer, alle zwischen Mitte und Ende zwanzig, sind sich einig: Freudlos wirken darf der Slogan nicht. »Aber etwas wie ›hip‹ können wir auch nicht schreiben«, überlegt Julia, »das verstehen die ab vierzig nicht.« Zustimmung von allen Seiten. »Genau, die denken dabei an Babybrei«, lästert ein anderer. Die Dozentin, selber über vierzig, vernimmt's mit Staunen. Man sieht ihr zwar ihr Alter nicht an. Gerade deshalb findet sie es irritierend, wie selbstverständlich Twentysomethings glauben, Fortysomethings seien nicht von dieser Welt.

Gewiss ändern sich im Lauf der Jahre die Themen und Interessen. Wir werden ruhiger und wägen mehr ab und der äußere Erfolg verliert die riesige Bedeutung, die er mal hatte. Das ändert aber nichts daran, dass wir weiterhin wissen, was Ehrgeiz ist und Albernheit und Wut und Eifersucht. Das ändert auch nichts daran, dass wir, doch ja, die eine oder andere sprachliche, modische oder technische Neuerung mitbekommen und uns womöglich sogar aktiv dafür interessieren. Unsere Aufgeschlossenheit zahlt sich aus: Wir entsprechen nicht den einbetonierten Klischees, die sich mit unserem Lebensalter verbinden. Wir wirken jünger als wir sind. Offener. Attraktiver. Innovativer. Man hört uns zu und nimmt uns ernst und flirtet uns an, manchmal mehr als früher.

Unter einer Voraussetzung: Unser Alter bleibt eine Unbekannte. Wer hofft, sich ab vierzig zum Klassiker oder zur zeitlosen Schönheit wandeln zu können, belässt sein Alter nach Möglichkeit im Vagen. Nicht aus Eitelkeit. Sondern weil früher oder später fast jeder die Erfahrung macht: Man wird anders wahrgenommen, sobald man sein Alter erwähnt. Oder vom ersten Enkelkind schwärmt. Oder womöglich im unpassenden Moment eine Hitzewallung hat. Oder etwas erinnert, woraus hervorgeht, dass man schon länger auf der Welt ist als die Zuhörer gedacht hätten.

Wenn die anderen mitbekommen, dass man 43 oder 48 oder 54 ist, sind sie ehrlich erstaunt und fragen verblüfft, wie machen Sie das bloß, ich hätte Sie für mindestens zehn Jahre jünger gehalten, und man freut sich und ist ein bisschen verlegen, und dann zucken sie zurück, als sei das Frischhaltedatum abgelaufen, und sie hätten es nur bisher nicht gemerkt.

Die Berliner Medizinpsychologin Beate Schultz-Zehden fand in ihren Studien heraus: Drei Viertel der Frauen in den Wechseljahren finden sich mindestens so attraktiv und weiblich wie früher. Aber über die Hälfte fühlt sich im öffentlichen Ansehen unsichtbar, abgewertet und weniger vollwertig. Das passt ins Bild.

Es kommt der Tag, an dem zählt das Alter, das man hat, mehr als der Mensch, der man ist. Egal, was man tut, egal, wie man denkt, ganz gleich, wie man wirkt. Über vierzig, damit assoziieren Jüngere: starr, stur, öde, grau. Sicher nicht im Einzelfall. Aber mit dem Pauschalurteil müssen wir ab vierzig rechnen. Und mit fünfzig oder sechzig erst recht. Eine schnöde Zahl wertet uns ab. Viele erleben ab vierzig zum ersten Mal im Leben, was es heißt, diskriminiert zu werden.

Wir könnten uns das alles ersparen, indem wir unser Alter schlicht nicht erwähnten. Aber dann leisteten wir den Klischees Vorschub, vor denen ab der Lebensmitte niemand geschützt ist. Dann müssten sich auch die, die nach uns kommen, in fünf oder zehn oder fünfzehn Jahren mit den gleichen dummen, engstirnigen Altersstereotypen herumschlagen wie heute wir. Deshalb finde ich: Wenn wir generativ sein und etwas verändern wollen, müssen wir zu unserem Alter stehen. Nicht nur wegen der eigenen Selbstachtung. Auch den Jüngeren zuliebe.

Schöne Aussichten
Über das Paradox des Wohlbefindens und die Kunst des Lebens

»Du wirst sehen, Älterwerden ist ziemlich spannend«, sagte Sophie, eine gute Freundin, als mein 40. Geburtstag bedrohlich näher rückte und mit ihm die Angst, der Lack könnte bald ab sein und das Schönste vom Leben vorbei. Sophie ist ein paar Jahre älter als ich und hatte die magische Datumsgrenze bereits überschritten. Deshalb verzichtete ich darauf, ihr zu widersprechen. Aber insgeheim verbuchte ich den Satz als Zweckoptimismus. Oder bestenfalls liebevollen Selbstbetrug.

Inzwischen stellte sich heraus: Sophie hatte Recht. Es lebt sich gut mit vierzig plus. Entspannt. Intensiv. Konzentriert. Um Längen besser als erwartet. Nicht nur das: Die gefühlte Lebensqualität verspricht mit den Jahren immer noch besser zu werden. Ab der Lebensmitte entwickeln sich gesundheitliches und psychisches Wohlbefinden gegenläufig. Mit den Jahren nehmen Genussfähigkeit und Lebensfreude zu, Nervosität und Gereiztheit lassen nach.

Wohlbefindensparadox nennen Lebenslaufforscher dieses erstaunliche Phänomen, das man erleben muss, um es zu glauben. In seinen Genuss kommen bevorzugt die, die sich auf die Veränderungen ab vierzig einlassen und immer größere seelische Widerstandskräfte entwickeln: Die Überzeugung, dem Leben gewachsen zu sein. Die Gabe, das Gute zu sehen. Die Kunst, aus jeder Situation das Beste zu machen. Die Bereitschaft, Platz für Neues zu schaffen. Die Dankbarkeit für das, was bisher war. Die Großzügigkeit, andere zu bestärken.

Solange man damit beschäftigt ist, sich einen Platz im Leben zu erobern, treten Werte wie diese oft in den Hintergrund. Erst zwischen vierzig minus und fünfzig plus rücken sie stärker ins

Bewusstsein. Unmerklich weiten sie den Blick, verändern sie die Perspektive. In diesem Kapitel geht es um die Einstellungen und Verhaltensweisen, die man braucht, um das Leben ab vierzig optimistisch und klug zu gestalten.

Der Glaube an sich selbst

Das Leben ab vierzig ist besser als sein Ruf. Gar nicht mal, weil alles immer so toll liefe. Oft auch, weil man Widrigkeiten viel besser weglächelt, wegorganisiert und notfalls auch wegsteckt als vor zehn oder fünfzehn Jahren. Natürlich gibt es Momente, in denen das Älterwerden nervt und erbost und Angst macht. Aber wer will, kann die grauen Haarsträhnen färben, das Badezimmer vorteilhaft beleuchten und den runden Geburtstag auf einer passenden Insel übergehen.

Mit 35 wussten wir uns zu verkaufen. Wir präsentierten uns so, wie die anderen uns gern sehen wollten: der Chef, die Nachbarn, die Kindergärtnerin, die Clubfreunde.

Mit 45 wissen wir uns zu helfen: Wir werden immer geschickter darin, uns das Leben nach unseren Vorstellungen und ureigenen Bedürfnissen zurechtzubiegen. Wir kennen unsere Vorlieben und Abneigungen. Wir treffen immer mehr bewusste Entscheidungen, die uns stärken und weiterbringen.

Das konsequente Sportprogramm.

Die zusätzliche Rentenversicherung.

Die gesündere Lebensweise.

Der Wille, weniger als bisher auf später zu verschieben.

Der Entschluss, Klavierstunden zu nehmen.

Das Engagement in der Kirchengemeinde.

Die feste Absicht, einen Gastroenterologen zu suchen, bei dem man die Darmspiegelung garantiert nicht spürt.

Den Plan, die Sache mit dem Wochenendhaus jetzt wirklich in Angriff zu nehmen.

Das Gespür für Natur und Stille und Privatheit, das es in jüngeren Jahren so nicht gab.

Selbstbestimmung verleiht einen Hauch von Macht. Sie ist deshalb das beste Gegenmittel gegen die Ohnmacht, den Alterungsprozess zu stoppen. Die psychologische Forschung zeigt: Wer glaubt, das Leben im Griff zu haben, fühlt sich wohler und handelt erfolgreicher. Unser Wille hält das Älterwerden nicht auf. Aber er gibt ihm Form und Gestalt. Wir werden immer mehr zu dem, was wir aus uns machen.

Die Gabe, das Gute zu sehen

Egal, ob wir 14 sind oder 44 oder 74: Wir Deutschen sind gut darin, zu sehen, was wir nicht haben. Wir machen uns nichts vor. Wir reden uns die Dinge nicht schön. Wir blicken den Tatsachen ins Auge. »Alt werden ist furchtbar«, heißt es dazu passend auf der Rückseite eines Buches, das beleuchtet, wie sich Älterwerden anfühlt, ab 30 und danach. »Altwerden ist mühsam. Niemandem gefällt es. Schönheit im Alter? Gelassenheit und Würde? Weisheit? Von wegen!« Wer Älterwerden als Verlust betrachtet, denkt kritisch, aber nicht produktiv. Nichts ruft so sicher negative Gefühle wach wie ein allzu kühler Blick: Missmut. Frust. Feindseligkeit. Resignation.

Lebenskluge wählen deshalb einen anderen Weg: Sie lenken ihre Aufmerksamkeit auf das Gute, das ihnen widerfährt, und üben sich in der Kunst, Verluste oder negative Ereignisse positiv zu interpretieren. Sie verwandeln die Halbglatze zum Charakterkopf, machen die Lesebrille zum Markenzeichen und nehmen die überhöhten Blutfettwerte zum Anlass, ein paar raffinierte leichtere Rezepte auszuprobieren und nebenbei die zwei, drei Pfund abzunehmen, die sie schon lange loswerden wollten. Sie nehmen wahr, dass die Silberfäden im Haar gut mit der blasser gewordenen Haut harmonieren und dass der Partner mehr Geduld mit den Kindern hat, seit der Kardiologe ihm dringend zu weniger Stress und mehr Sport geraten hat. Sie können sich beim besten Willen nicht vorstellen, Tampons und PMS je ernsthaft zu vermissen, und finden den Gedanken interessant, Hitzewallungen als Verbrennung von allem zu deuten, was unwichtig geworden ist und bedeutungslos.

Die Kunst, aus jeder Situation das Beste zu machen

Die objektiven äußeren Umstände beeinflussen unser Wohlbefinden weniger, als wir meinen. Viel entscheidender ist es, wie wir eine Situation wahrnehmen und bewerten. Glücklich sind daher die, die mit ihren Grenzen leben und Schwächen fantasievoll ausgleichen. Fünf Strategien helfen dabei.

Erstens *Selektieren*: Man sieht ein, dass nicht alles geht, und setzt klare Prioritäten. Deshalb kommt zum Beispiel der Trend zum Weniger-ist-mehr bei Über-35-Jährigen besonders gut an.

Zweitens *Optimieren*: Man sucht nach Möglichkeiten, das Beste aus einer gegebenen Situation zu machen, zum Beispiel indem man die Figur im Fitness-Studio formt oder die schmaler werdenden Lippen kräftiger als früher schminkt.

Drittens *Kompensieren*: Kommt man nicht auf gewohnte Weise ans Ziel, sucht man nach Alternativen. Ein klassisches Beispiel dafür bieten die vielen Tennisspieler, die um den 40. Geburtstag herum den Tennisschläger gegen Golfschläger vertauschen.

Viertens *Adaptieren*: Unrealistische Träume machen unzufrieden und nervös. Lebenskluge passen ihre Erwartungen deshalb ihren Möglichkeiten an und korrigieren ihre Ansprüche notfalls nach unten. Natürlich schafft man es nicht mehr zur Konzertpianistin, wenn man mit neunundvierzig die ersten Klavierstunden nimmt. Trotzdem macht es Spaß, die ersten Takte von *Schwanensee* oder *Scarborough Fair* fehlerfrei intonieren zu können.

Fünftens *Umdirigieren*. Man gibt Verlusten und Einbußen einen Sinn und wandelt sie schöpferisch um: Ein 49-jähriger Vertriebsmanager nimmt den Verlust des Arbeitsplatzes zum Anlass, seine beruflichen Ziele gründlich zu überdenken. Eine 45-jährige Journalistin, von ihrem Mann nach zwanzig Jahren Ehe wegen einer Jüngeren verlassen, beschreibt ihre Verletztheit in einem aufwühlenden Buch. Ein Hochschullehrer, wegen entzündeter Stimmbänder häufig zum Schweigen verurteilt, entwickelt ein Computerprogramm, das die Fingerzeichen stummer oder sprechbehinderter Menschen in Sprache umsetzt.

Offenheit für neue Menschen und Erfahrungen

Ab vierzig hat man in der Regel herausgefunden, wer man ist und was man will. Man weiß, was einem schmeckt und gut steht, welche Musik man gern hört und welche Art von Büchern man schätzt, mit welchen Freunden man am entspanntesten zusammensitzt, wie Sex sich am schönsten anfühlt und wie ein Urlaub geplant sein muss, damit er gelingt. Man hat sich eingerichtet, im Leben und zu Hause, und wenn man in Wohnzeitschriften blättert, stellt man fest, dass man den angesagten Lounge-Stil nur verwirklichen könnte, wenn man sich von einem Großteil der Möbel trennen würde, die man hat. Andererseits waren die Sachen nicht eben billig und gehören zu einem dazu und sind eigentlich viel zu schön, um sie auszuwechseln, nur weil der Zeitgeist sich dauernd ändert. Ganz ähnlich verhält es sich mit den alten Freunden und den Wochenendritualen und den Geschäften, in denen man bevorzugt kauft.

Mit vierzig oder fünfzig ist das Leben bei vielen geregelt und randvoll, und persönlich finde ich diesen Zustand ganz angenehm. Nur: Für Neues bleibt da nicht mehr allzu viel Platz. Besonders wer erfolgreich ist und sich ein erfülltes, schönes Leben aufgebaut hat, neigt dazu, neue Möglichkeiten aus der Wahrnehmung auszublenden.

»Was jetzt interessiert, ist nicht ständige Veränderung, sondern die Konstante«, so beschreibt die *Elle* das Lebensgefühl der Over-Forties. »Von den Unmengen an Platten und CDs, die man in seinem Leben gekauft hat, sind diejenigen übrig geblieben, die durch Qualität bestehen konnten.« Das schmeichelt.

»Befunde aus der Persönlichkeitsforschung haben gezeigt, dass die Offenheit für neue Erfahrungen abnimmt, je älter wir werden«, stellt die Lebenslaufforscherin Ursula Staudinger fest. Das sitzt.

Gefestigt und etabliert zu sein, ist ein schönes Gefühl. Aber es verführt dazu, am Status quo festzuhalten. Wir treten, auf hohem Niveau, auf der Stelle. Nicht aus altersbedingtem Starrsinn. Sondern weil die Zeit, die Energie, der Platz für Neues fehlt. Schleichend gerät dabei allerdings die »Plastizität des Ichs« in Gefahr: Statt eine immer reichere Identität zu entwickeln, fängt man an zu verkrusten. Ab vierzig empfiehlt es sich deshalb, immer mal wieder zu überlegen, ob die Balance noch stimmt: zwischen dem Bewahren des Alten und der Offenheit für Neues, zwischen dem kultivierten Vor-sich-hin-Trödeln, das man gerade zu schätzen lernt, und den Spontanentschlüssen, die in den letzten Jahren ein wenig abhanden gekommen sind.

»Life is uncertain;
eat dessert first.«

Jung zu sein, bedeutet in den Augen der Mittleren vor allem das Offensichtliche: Knitterfreiheit. Der Hauptreiz des Jung-Seins ist aber ein anderer: »Wenn man jung ist«, philosophiert *Sex-and-the-City*-Heldin Carrie Bradshaw alias Sarah Jessica Parker, »ist alles frisch und neu. Alles geschieht zum ersten Mal.« Die gute Nachricht lautet: Diese Facette des Jung-Seins kann man sich ohne großen Aufwand erhalten, mittendrin im Leben und viele Jahre danach. Vorausgesetzt, man lässt neue Menschen und neue Erfahrungen und neue Verhaltensweisen in sein Leben. Am besten solche, die anders sind als die tausendfach erprobten.

Dazu muss man nicht ein ohnehin ausgefülltes Leben noch voller stopfen. Dazu muss man auch nicht ausbrechen und noch einmal von vorn anfangen, mit der Liebe und dem Leben und überhaupt. Es bringt schon viel, beim Stehempfang oder Straßenfest bewusst auf jemanden zuzugehen, den man noch nicht kennt und der obendrein zwanzig Jahre jünger oder dreißig Jahre älter ist als man selbst. Oder mal ein Buch über Philosophie zu kaufen, statt einen der Psycho-Ratgeber, zu denen man sonst immer greift. Oder zur Abwechslung eine Urlaubsform auszuprobieren, der man bisher eher skeptisch gegenüberstand.

Es macht alt, automatisch zum Bewährten zu greifen, gedankenlos die vertrauten Rituale abzuspulen und das, was man geschafft und angeschafft hat, um jeden Preis bewahren zu wollen. Und es macht jung, sich auf Neues einzulassen und regelmäßig Platz für Menschen, Dinge und Erlebnisse freizuräumen, die das Leben auffrischen und um neue Facetten bereichern.

Zufriedenheit mit dem, was bisher war

Bei Lars greift das Leben harmonisch ineinander: Einserabitur, Medizinstudium, Hochzeit, Facharztausbildung, Kind eins, Kind zwei, Einstieg in die Praxis eines guten Freundes der Eltern, bei den Rotariern engagiert – ein Werdegang, wie auf dem Reißbrett entworfen.

Katja nimmt das Leben, wie es gerade kommt: Design-Studium geschmissen, Schneiderlehre gemacht, ein Jahr als Au-pair in Finnland gewesen, eine kleine Tochter bekommen, eine endlose Abfolge von Jobs, die interessant waren oder lukrativ, aber selten beides zusammen, beim Tanken zufällig die Jugendliebe wiedergetroffen, als Stylistin gefragt, aber nicht nonstop gebucht – ein Leben voller Zufälle.

Vierzig- und Fünfzigjährige haben Vergangenheit. Ihr Lebensglück hängt nicht nur davon ab, wie gut sie sich momentan fühlen oder wie erfolgreich sie heute dastehen. Selbstbewusstsein und Zufriedenheit werden auch von der bisherigen Biografie bestimmt: Ob man einen Sinn in der eigenen Lebensgeschichte erkennt, einen roten Faden und wiederkehrende Muster. Ob man sich als Glückskind sieht oder Kämpferin oder Verlierer oder Aufsteiger. Ob man sich als Heldin der eigenen Geschichte oder eher als Spielball des Schicksals begreift. Ob einem das eigene Leben als heitere Komödie, klassische Tragödie, großes Kino oder absurdes Theater erscheint.

Die Fakten und Daten stehen fest. Aber sie lassen viele Interpretationen zu. Vielleicht sieht Lars seine tadellose Biografie als Beweis dafür an, mehr die Träume seiner Eltern verwirklicht zu haben als seine eigenen. Und vielleicht ist Katja stolz darauf, gegen alle Widerstände ihren eigenen Weg gegangen zu sein und dabei zuversichtlich geworden zu sein und stark. Ob man die eigene Lebensgeschichte als gelungen bewertet, hängt nicht nur von den äußeren Ereignissen ab. Sondern auch davon, wie man das Gewesene zusammenfasst, strukturiert, bewertet und miteinander verknüpft.

Mit vierzig plus sind wir alt genug, um eine komplexe Biografie zu haben. Wie gut sie uns gefällt, bestimmt mit, wie wohl wir uns in unserer Haut fühlen. Empfindet man die persönliche Geschichte als stimmig und sinnvoll und schön, stärkt sie das Selbstbewusstsein. Erscheint sie trivial oder brüchig oder bedeutungslos, beeinträchtigt sie das Identitätsgefühl und setzt Angst, Verbitterung, Neid oder Trauer frei.

Mit vierzig plus sind wir jung genug, um die bisherige Geschichte um viele weitere Kapitel zu ergänzen. Das gelingt umso besser, je zufriedener wir mit dem bereits vorhandenen Text sind. »Selbsterzählungen«, schreibt *Psychologie-heute*-Herausgeber Heiko Ernst, »wirken wie eine Linse, und *wie* wir die Dinge durch diese Linse sehen, prägt die Lebensgestaltung und Bewertung der Ereignisse.«

Ob die Lebensgeschichte das Selbstbewusstsein stärkt oder

schwächt, hängt von der Erzählweise ab. Mittendrin im Leben empfiehlt es sich deshalb, ab und zu innezuhalten, wie Autoren beim Schreiben und Regisseure beim Schneiden des gefilmten Materials, und das bisher Entstandene kritisch zu begutachten – wohl wissend, dass die Fülle des Stoffs auch ganz andere Varianten der Auswahl und Montage erlaubt.

Mit vierzig plus ist unsere Lebensgeschichte noch lange nicht fertig. Wir können den bisher verfassten Text kürzen oder erweitern oder aus einer anderen Perspektive erzählen oder in einen größeren Zusammenhang stellen. Wir können das Genre wechseln oder für das, was war, neue Worte finden. Wir können Tagebuch schreiben und den Ärger mit dem Chef mal von der heiteren Seite nehmen. Wir können beim Familientreffen darauf verzichten, die alten Geschichten zum zigsten Mal aufzuwärmen, und uns überlegen, warum es vielleicht ganz gut war, dass wir dem Partner, der Partnerin zuliebe den Traumjob in Zürich abgelehnt haben. Wir können uns mit den weniger gelungenen Teilen unserer Biografie aussöhnen und ihren Sinn begreifen. Wir können unsere Lebensgeschichte weiterentwickeln und um neue überraschende Wendungen bereichern.

Die Großzügigkeit, andere zu bestärken

Einer der schönsten Aspekte des Älterwerdens ist mir erst vor kurzem bewusst geworden: Seit zwei, drei Jahren finde ich die eigenen Altersgenossen bemerkenswert sympathisch: Irgendwie kommen sie mir netter, großzügiger, bestärkender vor als früher. Dieser Eindruck ist völlig subjektiv und durch nichts bewiesen.

Aber egal, ob beim Klassentreffen, beim Wiedersehen mit Studienfreunden oder beim Stehempfang – immer wieder fällt auf: Ab vierzig sind viele wie ausgewechselt, verlaufen die Gespräche offener, nachdenklicher, interessanter. Nicht nur die mit den engen Freunden. Auch die mit Menschen, deren Weg man nur zufällig kreuzt. Die Lebensläufe klingen weniger stromlinienförmig, das Selbstbewusstsein wirkt echter und weniger aufgesetzt. Das Vergleichen und Übertrumpfen der frühen Jahre scheint überwunden zu sein. Statt Konkurrenzneid gibt es Freundlichkeit und unauffällige Solidarität. Interesse. Komplimente. Anerkennung. Nicht immer. Aber erfreulich oft.

Wie gesagt, der Eindruck ist subjektiv. Aber wir können alle dazu beitragen, dass er sich bestätigt.

Eine Art Schlusswort

Mit vierzig plus haben wir unseren Platz in der Gesellschaft gefunden. Ab jetzt dürfen wir uns unser Programm freier als bisher zusammenstellen.

Wir dürfen eigenwillig sein und kompliziert und ein bisschen exzentrisch.

Wir müssen weder in die Disco, um die große Liebe zu finden, noch mit dem ersten Flieger nach New York, um uns wichtig zu fühlen.

Wir können großzügig sein und herzlich und gelassen.

Wir können nein sagen oder auch ja, wie es uns gefällt, und ohne Panik abwarten, dass die Aktien wieder steigen, denn das taten sie bisher immer, und dass sie uns reich machen würden, hatten wir ohnehin nie erwartet.

Ab vierzig wird nicht alles besser. Aber wir haben in der ersten Halbzeit genug gelernt, um aus allem das Beste zu machen. Wir sind so überlegen und überzeugend, wie wir es uns mit zwanzig gewünscht haben. Wir sind der Beweis: Dreißig ist gut. Vierzig und darüber auch.

Literatur

BARTELS, DAGHILD. *Faltenwürfe. Neues von der Lifestylefront.* In: Das Alter. Kursbuch 151. S. Fischer 2003

BELLMANN, LUTZ; KISTLER, ERNST; WAHSE, JÜRGEN. *Betriebliche Sicht- und Verhaltensweisen gegenüber älteren Arbeitnehmern.* In: Aus Politik und Zeitgeschichte, B20/2003, Seite 26–34

BORYSENKO, JOAN. *Das Buch der Weiblichkeit. Der 7-Jahres-Rhythmus im Leben einer Frau.* dtv 2000

BRAUN, CHRISTOPH; GRÜNDL, MARTIN; MARBERGER, CLAUS; SCHERBER, CHRISTOPH. *Beautycheck – Ursachen und Folgen von Attraktivität.* http://www.beautycheck.de

BROWN, BOBBI; WADYKA, SALLY. *Beauty Evolution. A Guide to a Lifetime of Beauty.* Harper Resource 2002

»Demographischer Wandel – Herausforderungen unserer älter werdenden Gesellschaft an den Einzelnen und die Politik«. Eine Dokumentation in Auszügen aus dem Schlussbericht der Enquete-Kommission des Deutschen Bundestages. In: Aus Politik und Zeitgeschichte B20/2003, Seite 43–53

ERNST, HEIKO. *Ein neuer Blick auf das eigene Leben.* In: Psychologie heute, Juni 2002

EVERSMANN, SUSANNE; KUNSTMANN, ANTJE. *When I'm Forty-Four. Das große Lesebuch für die besten Jahre des Lebens.* Btb 1996

GEISSLER, CHRISTA; HELD, MONIKA. *Generation plus. Von der Lüge, dass Altwerden Spaß macht.* Schwarzkopf & Schwarzkopf 2003

HEIDKAMP, KONRAD. *Sophisticated Ladies. Junge Frauen über 50.* Rowohlt 2003

KOCH, KLAUS; WEYMAYR, CHRISTINA. *Vom Segen des Nichtwissens.* In: Die Zeit, 18. Juni 2003

Lehr, Ursula. *Die Jugend von gestern – und die Senioren von morgen.* In: Aus Politik und Zeitgeschichte, B20/2003, Seite 3–5

Olf, Felix. *40. Jetzt geht's erst richtig los.* In: Best Life. Nr. 1/2003

Paulsen, Susanne. *Lebenslauf-Forschung: Die Kunst zu leben.* In: Geo Magazin, August 2002

Quelle Versicherungen Studie: *Die freie Generation – Das Lebensgefühl der Menschen ab 45.* www.wuv.de/daten/studien

Perrig-Chiello, Pasqualina; Höpflinger, François. *Jenseits des Zenits. Frauen und Männer in der zweiten Lebenshälfte.* Haupt 2000

Perrig-Chiello, Pasqualina; Höpflinger, François. *Zwischen den Generationen. Frauen und Männer im mittleren Lebensalter.* Seismo-Verlag 2001

Riehl-Heyse, Herbert. *Der große Showdown.* In: Süddeutsche Zeitung Magazin. 22. August 2003

Roizen, Michael F. *Real Age. Werden Sie so jung, wie Sie sein könnten.* Mosaik 2001

Sadler, William A. *The Third Age. Six Principles of Growth and Renewal After Forty.* Perseus Books 2000

Schultz-Zehden, Beate. *Körpererleben im Klimakterium.* Profilverlag 1997

Sheehy, Gail. *Die neuen Lebensphasen.* Droemer-Knaur 1998

Staudinger, Ursula M.; Baltes, Paul. *Weisheit als Gegenstand psychologischer Forschung.* In: Psychologische Rundschau 47 (1996), Seite 57–77

Staudinger, Ursula M. *Das Alter(n): Gestalterische Verantwortung für den Einzelnen und die Gesellschaft.* In: Aus Politik und Zeitgeschichte, B20/2003, Seite 35–42

Stephan, Cora. *Gefühltes Alter.* In: Das Alter. Kursbuch 151. S. Fischer 2003

Tschirge, Uta; Grüber-Hrćan, Anett. *Ästhetik des Alters. Der alte Körper zwischen Jugendlichkeitsideal und Alterswirklichkeit.* Kohlhammer 1999

VAILLANT, GEORGE E. *Aging Well. Surprising Guideposts to a Happier Life from the Landmark Harvard Study of Adult Development.* Little, Brown and Company 2002

WALLERSTEIN, JUDITH; S. BLAKESLEE, SANDRA. *Gute Ehen. Wie und warum die Liebe bleibt.* dtv 1998

Wir leben immer länger. In: My Life. Herbst 2003